Learn Microsoft Office Word 2007 in Arabic

تعلم وورد ٢٠٠٧ بالعربى

تأليف كلا من

Michael Nabil Akhnokh
& Nermin Fahim

مايكل نبيل أخنوخ
نرمين فهيم

٢٠١٣

RAMEGYPT@YAHOO.COM

مـقـدمة الكـتـاب

إذا كنت ممن يتعاملون مع برامج الأوفيس ، فلابد وأنه ليس لديك وقت لأن تخوض فى قراءة كتاب كبير الحجم فى ظل هذه المعاناة من ضيق الوقت ، شأنك فى ذلك شأن جميع مستخدمى برامج الأوفيس الذين نعرفهم ، و لهذا السبب قمنا بتأليف هذا الكتاب ليكون لك مرجعاً سريعاً . و لنفس السبب أيضاً اخترنا برامج الأوفيس نظراً لسرعتها و كفاءتها فى الوقت نفسه . سوف يساعدك هذا الكتاب فى استخلاص أفضل ما تتمتع به هذه البرامج الشاملة عن طريق توفير الإجابات التى تحتاجها بسرعة وبسهولة ، فهذا الكتاب تم تأليفه خصيصاً لكى يستفيد القارئ منه أقصى استفادة ممكنة فى تعلم الإصدار الجديد من برامج الأوفيس و هو أوفيس ٢٠٠٧ .

مايتعلق بهذا الكتاب :-

صمم هذا الكتاب لكى يسهل عليك التعامل مع برنامج Word 2007 ، و لا يتوجب عليك قراءة هذا الكتاب و حفظ ما جاء فيه بأكمله ، حيث أن كل جزء منه مستقلاً بذاته مما يوفر لك الإجابة السهلة للأسئلة التى قد تكون تدور فى ذهنك ، كما يشرح لك التعليمات خطوة بخطوة لأداء مهام معينة ، كما ستلاحظ أن هذا الكتاب يبدأ من الصفر فى تعليم برنامج الوورد ، فهو يصلح للشخص الذى يريد أن يتعلم الوورد لأول مرة ، وكذلك للمستخدم القديم لبرنامج الوورد الذى لا يريد سوى أن يرتقى إلى وورد ٢٠٠٧ بدلاً من وورد ٢٠٠٣ ،لذا يجب عليك أن تتبع القواعد التالية عند قراءتك لهذا الكتاب حتى تستفيد منه أقصى استفادة ممكنة :

١- إذا كنت من مستخدمى الإصدارات القديمة لبرنامج الوورد فليس عليك قراءة الجزء الخاص بتعلم الكتابة على برنامج الوورد ، حيث أنك لن تحتاج سوى لأن تقوم بقراءة الفهرس للبحث عن موضوعات معينة قد ترغب فى معرفة بعض المعلومات عنها مثل كيفية إدراج الصور و الجداول و الأشكال الذكية ....الخ، حتى يمكنك الانتقال إليها فوراً.

٢ – إذا كنت تريد إن تتعلم برنامج الوورد لأول مرة من الصفر يجب عليك قراءة كل الكتاب بعناية شديدة جداً بكل تفاصيله و ملاحظة كل الصور التوضيحية بالتعليقات التى تتضمنها .

٣ – هذا الكتاب يحتوى على العديد من الصور التوضيحية، قد يصل عددها لأكثر من ٢٥٠ صورة !!!!!! كل هذه الصور هى عبارة عن صور توضيحية تتضمن بعض التعليقات و الشرح التفصيلى عليها ، لذا يجب عليك أن تقرأ كل التعليقات الموجودة عليها بعناية شديدة جداً حتى تستفيد من الكتاب لأن التعليقات الموجودة على الصورة لن تجدها مكررة مرة أخرى أسفل الصورة ، و قد تجد أسفل الصورة شرح مبنى على الشرح الموجود داخل الصورة .

٤ – يجب عليك التمييز بين التعبيرين (أنقر ، أضغط) ، حيث أن التعبير (أنقر) فى هذا الكتاب المقصود به هو أنك سوف تستخدم الفأرة ، أما التعبير (أضغط) فالمقصود به أنك سوف تستخدم الأزرار الموجودة فى لوحة المفاتيح .

نتمنى لكم أقصى استفادة ممكنة من الكتاب ....

مرحبين باقتراحاتكم و تعليقاتكم على البريد الإلكترونى التالى :-

ramegypt@yahoo.com

<u>كلمة المؤلفان</u>

عزيزى القارئ إن هذا الكتاب هو مجهود و تعب قصدنا منه نشر علماً نراه نافعاً و بذلنا أقصى طاقة لتحرى صحة المعلومة و دقتها و لم نبخل فيه بفكرة أو معلومة رأيناها مفيدة ....., و لكن بالطبع الكمال لله وحده و أى كتاب قد يكون به أخطاء فإذا عثرت على إحداها أو طرأت لك إضافة مناسبة له فنرجو أن ترسلها لنا و سوف تكون محل تقديرنا و احترامنا ...... ,

Microsoft Office Word 2007
الـفـصـل الأول
ما هو الجديد في Word 2007

عندما تفتح برنامج الوورد ٢٠٠٧ سوف تلاحظ لأول وهلة التغير الملحوظ فى واجهة البرنامج .....فأنت الآن يمكنك التنقل بسهولة بين الأوامر المختلفة عن طريق نقرة واحدة من الفأرة أو باستخدام اختصارات لوحة المفاتيح المعروفة قديماً ، فلم يعد هناك ما يسمى بشريط القوائم القديم حيث أن الإصدار الجديد يعتمد على نظام التبويب Tabs المقسمة من الداخل إلى العديد من مربعات الحوار Dialog Boxes مما يسهل عليك الوصول إلى الأوامر التى تستخدم كثيراً مثل الطباعة و الحفظ ....، كما أنك الآن تستطيع أن تفتح أكثر من ملف فى وقت واحد و تغير حجم نافذة العمل حتى تستطيع أن تقارن بين البيانات كما سهل لك التنقل بينهم بنقرة واحدة من الفأرة ..

الواجهة الجديدة لبرنامج وورد ٢٠٠٧

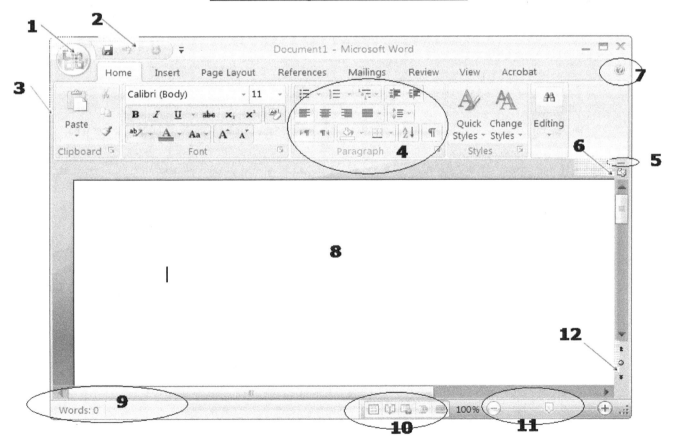

شكل ١

١ – زر الأوفيس (*Office button*) -:

عند النقر عليه تظهر لنا بعض الأوامر التى كانت موجودة سابقاً فى قائمة (ملف File) كما هو موضح بالشكل رقم ٢ ولكن ليس هذا كل شىء …!! فقد أضافت شركة مايكروسوفت له بعض الأوامر الجديدة و التى سوف نتعرض لها لاحقاً ………

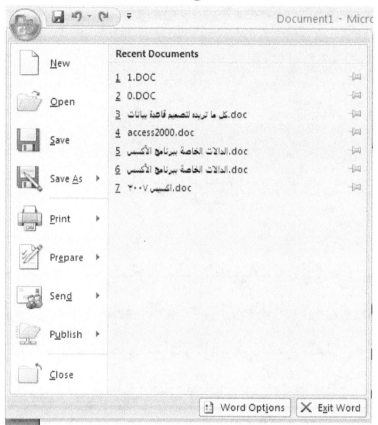

شكل ٢

٢ – شريط الأدوات *Tool bar* -:

و هو يشبه شريط الأدوات القديم و نلاحظ فيه وجود الأوامر القديمة و هى (Save – Undo – Redo) كما يوجد فى النهاية شكل السهم الذى إذا قمت بالنقر عليها سوف تظهر لديك بعض الأوامر الأخرى التى يمكنك إضافتها أو حذفها من شريط الأدوات كما هو موضح بالشكل رقم ٣ :-

شكل ٣

٣-The Ribbon :-

هذا هو أسم تلك المنطقة التى تحتوى على التبويبات Tabs ، و يمكنك إخفاؤه أو إظهاره عن طريق الوقوف فى أى مكان فيه و النقر على زر الفأرة الأيمن و اختيار Minimize The Ribbon ، و لإظهاره مرة أخرى قم بالوقوف فى نفس المكان و أنقر على زر الفأرة الأيمن ثم أنقر على نفس الأمر السابق حتى يصبح غير نشط فيظهر الـ Ribbon مرة أخرى ...... أنظر الشكلين رقم ٤ ، ٥ لترى كيفية إظهار و إخفاء الـ Ribbon :-

شكل ٤

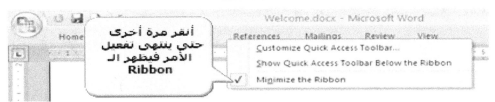

شكل ٥

أما بالنسبة إلى التبويبات Tabs فهى التى حلت محل شريط القوائم (Menu Bar) ، فأصبح عند النقر على أى تبويب تظهر أمامك الأوامر التى كانت تظهر سابقاً منسدلة من القوائم ، كما أنها لم تعد هناك القائمة التى تتفرع من قائمة أخرى ، حيث أصبح التبويب منقسماً فى داخله إلى مربعات حوار (Dialog Boxes) ، وهذه التبويبات عبارة عن ثلاثة أنواع :-

١- التبويبات الثابتة Standard Tabs -:

و هى التبويب التى تراها دائماً عندما تفتح برنامج الوورد مثل Home , Insert , Review , View .

٢- contextual Tabs -:

و هى التبويب التى تحتوى على أدوات تنسيق الكائنات التى يمكن إدراجها فى الملف مثل الصور و الجداول و الأشكال الذكية Smart Art ، و تتميز بأنها لا تظهر إلا عندما تحتاج إليها أى أنها لا تظهر إلا عندما تقوم بإدراج صورة و تحتاج إلى تنسيقها أو عندما تقوم برسم جدول و تحتاج إلى تنسيقه .... ٣- Program Tabs -:

مثل Print Preview وهى تحل محل المجموعة الثابتة عندما تحتاج إلى عمل شكل معين للملف .

و إذا أردت أن تتعامل مع هذه التبويبات بدون استخدام الفأرة يمكنك أن تضغط الزر Alt أو الزر F10 فيظهر لك

الشكل رقم ٦ :-

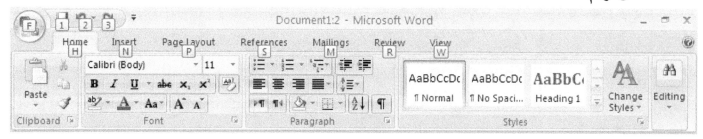

شكل٦

نلاحظ فى هذا الشكل ظهور بعض الحروف فوق أسماء التبويبات ، المقصود من ظهورها هو أنك إذا أردت أن تفتح أى تبويب منهم فما عليك إلا أن تضغط على هذا الحرف من خلال لوحة المفاتيح فينفتح هذا التبويب أمامك ، فمثلاً إذا ضغطت على مفتاحى Alt+N سوف ينفتح أمامك التبويب Insert ، و كذلك إذا ضغطت على مفتاحى Alt+p فسوف ينفتح أمامك التبويب Page Layout و هكذا...، ثم بعد أن تفتح التبويب فسوف تجد الأوامر بداخله تظهر فوقها حروف اختصاراتها كما فى الشكل رقم ٧ :-

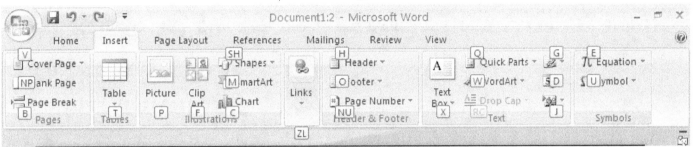

<u>شكل ٧</u>

** جدير بالذكر أن شركة مايكروسوفت احتفظت لنا بكل اختصارات لوحة المفاتيح القديمة مثل:-

Copy (Ctrl + C) , Paste (Ctrl + V) , Cut (Ctrl + X) ,
Print (Ctrl + P), Save (Ctrl + S)

...الخ ، هذا بالإضافة إلى إمكانية عمل قائمة اختصارات خاصة بك أنت شخصياً ، من أجل ذلك أتبع الخطوات التالية :-

١- أضغط على زرى Alt + F8 حتى يظهر لك مربع الحوار الموضح بالشكل ٨ :-

<u>شكل ٨</u>

٢- بعد أن تكتب كلمة listcommands و تضغط Enter سوف يظهر لك مربع حوار آخر، أنظر الشكل ٩:-

شكل ٩

٤- مربعات الحوار (Dialog Boxes) :-

هى جزء من التبويب كما ذكر سابقاً ، و سوف تلاحظ أن أغلبها ينتهى فى أقصى يمينه بسهم صغير يسمى Launch Bar ، و عند النقر على هذا السهم يظهر مربع الحوار الذى تجرى فيه تعديلاتك.... ، فمثلاً عند الضغط على مربع حوار Font سوف يظهر لك نفس مربع الحوار القديم الذى كان يظهر عندما تدخل على قائمة Format و تختار منها الأمر Font .

٥- إظهار و إخفاء المسطرة View Ruler :-

إذا لم تكن المسطرة ظاهرة فى ملفك و تريد إظهارها قم بالنقر مرة واحدة بزر الفأرة الأيسر على هذا الزر ، و إذا أردت إخفائها مرة أخرى فقم بالنقر على نفس الزر .

٦- صندوق الانشقاق (Split Box) :-

عندما تقف عليه بالفأرة يتحول شكل السهم إلى الشكل رقم ١٠ :-

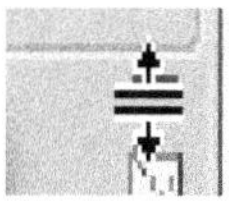

شكل ١٠

ثم أسحبه إلى أسفل فسوف تجد أن صفحتك قد انقسمت إلى قسمين أفقيين كما هو موضح بالشكل رقم ١١ :-

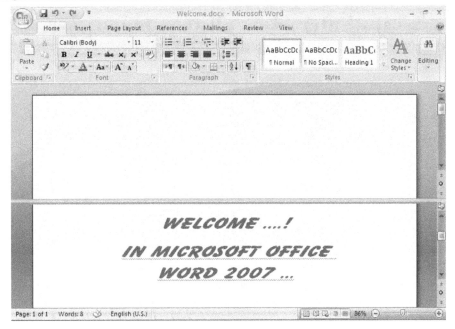

شكل ١١

أى أنه أصبح لديك ملفان مفتوحان معاً فى وقت واحد ...!! ، و إذا قمت بالنقر المزدوج على زر الفأرة الأيسر فوق Split Box سوف يقسم لك الصفحة إلى صفحتان متساويتان تماماً ، و سوف تلاحظ أن Status Bar الذى يعرض معلومات عن الملف الذى تعمل فيه الآن يعرض حالة الملف النشط ، و هذه الخاصية الجديدة التى منحتنا إياها شركة مايكروسوفت تفيد فى حالة لو كنت تريد أن تضع إمامك صورة أو رسم بيانى و تريد أن تكتب عنه ، قديماً فى هذه الحالات كنت ستضطر لعرض الصورة أو الرسم البيانى و تكتب على ورقة عادية أو كنت ستتمنى لو أنك لديك شاشتين لتعرض الرسم على واحدة و تكتب على الأخرى .....!!!!!

٧- *المساعدة (Help) -:*

للحصول على المساعدة يمكنك النقر نقرة واحدة على هذا الزر، أو الضغط على الزر F1 من لوحة المفاتيح...., جدير بالذكر أن من أهم مميزات وورد ٢٠٠٧ هو التطور الجديد فى المساعدة حيث أصبحت تحتوى على شرحاً كثيراً و إجابات عديدة لكل أسئلتك موضحة بالصور أيضاً ...., لاستعمال المساعدة أنظر إلى الشكل رقم ١٢ :-

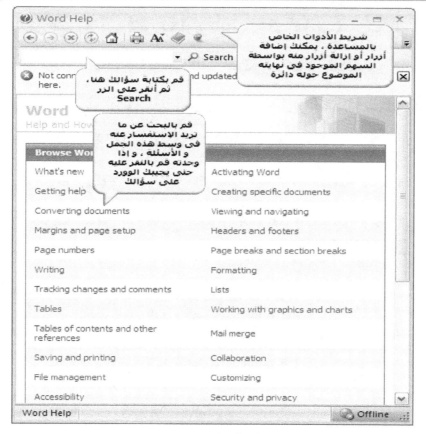

شكل ١٢

٨– *نافذة العمل (Document Window)* -:

و هى عبارة عن صفحة الوورد العادية و التى تعودت على الكتابة عليها و إدراج الصور فيها و ما إلى ذلك ....

٩– *شريط الحالة Status Bar* -:

و هو الشريط الذى يعرض كل المعلومات عن الملف الذى تعمل فيه الآن من حيث اللغة المستخدمة و عدد صفحاته و كذلك عدد الكلمات التى يحتوى عليها الملف و أيضاً يحتوى على ما يسمى بمصحح الأخطاء أو Proofing errors، أنظر الشكل رقم ١٣:-

شكل ١٣

و لكن ليس هذا كل شيء ... فهو يحتوى أيضاً على ما يسمى بعداد الوورد أو Word Count و هو الذى يخبرك بعدد الكلمات التى يحتوى عليها الملف و كذلك عدد الصفحات و أيضاً عدد السطور ....، أنظر مرة أخرى إلى الشكل رقم ١٣ ... سوف تلاحظ أن عداد الوورد مكتوب فيه الأرقام (8/973) بهذا الشكل ، وهذه الأرقام تعنى أن الصفحة التى تقف فيها أنت الآن تحتوى على ١٠٤ سطر و ٩٧٣ كلمة ....، و إذا نقرت على عداد الوورد سوف يظهر لك مربع الحوار الموضح بالشكل رقم ١٤ :-

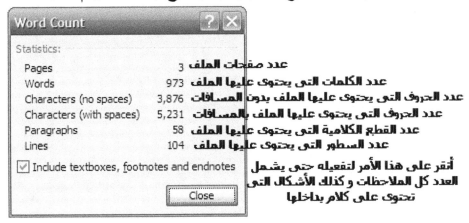

شكل ١٤

_____

١٠- View Buttons :-

و هى الأزرار التى توضح مظهر الملف و حالته مثل :-

(Print layout – Full screen reading – Web layout – Outline – Draft)

* بالنسبة لمستخدمى وورد ٢٠٠٣ الذين اعتادوا على العمل فى حالة Normal View يجب عليهم أن يعرفوا أنه قد تم استبداله الآن بحالة Draft .

١١- Zoom Control :-

وهو الشريط المتحكم فى مساحة الصفحة التى تعمل عليها ، أنظر الشكل رقم ١٥ :-

شكل١٥

١٢ - زر   Select Browse Object :-

اعتمدت مايكروسوفت على نظام الكائنات فى فكرة عمل برنامج الوورد الجديد ، و بصورة أوضح اعتبرت أن كل جزء فى الملف هو كائن محدد بذاته و يمكن التعامل معه بمفرده من خلال إعطائه كود خاص به ، أو الإشارة له برقم معين داخل الملف ،

و هذا الزر يستخدم لتحديد بعض الكائنات فى الملفات الطويلة مثل الجداول أو الصور أو صفحات معينة أو عناوين معينة ..... الخ ، و عند النقر عليه تظهر لك قائمة توضح نوعية الكائنات التى يمكنك التحديد بناءاً عليها ... ،

أنظر الشكل رقم ١٦ :-

شكل ١٦

هذا بالإضافة لاحتواء هذه القائمة على الأمر Find الذى كان موجوداً فى القائمة Edit ، أو كان يمكنك الحصول عليه عن طريق لوحة المفاتيح بضغط زرى Ctrl + F ، و هو يستخدم لإيجاد كلمة معينة موجودة فى الملف ، حيث أنك عندما تنقر عليه يظهر لك مربع الحوار الموضح بالشكل رقم ١٧ :-

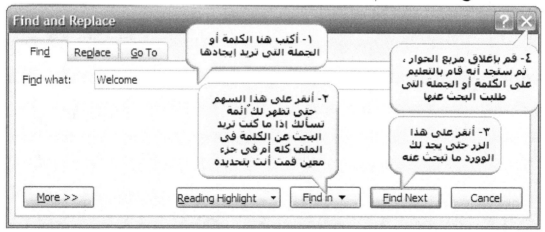

شكل ١٧

و كذلك الأمر Go to الذى كنت تجده فى قائمة Edit أيضاً أو عن طريق لوحة المفاتيح بالضغط على Ctrl + G ، ويستخدم هذا الأمر ليمكنك من القفز إلى صفحة معينة

بسرعة ، فمثلاً إذا كنت تقف فى الصفحة رقم ٥ و تريد الذهاب إلى الصفحة رقم ٤٠ ، ليس عليك أن تظل تسحب الـ Scroll Bar إلى أسفل أو تستمر فى لف بكرة الفأرة خاصتك ....، بل قم بفتح الأمر Go To ليظهر لك مربع الحوار الموضح بالشكل ١٨ ، و أتبع الخطوات الموضحة بالشكل رقم ١٨ :-

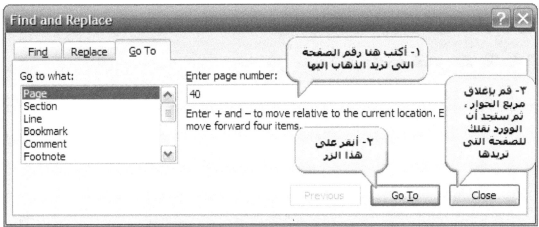

شكل١٨

أولًا : *محتويات زر الأوفيس Office Button*:-

هذا الزر موجود فى أعلى يمين الصفحة – أنظر الشكل رقم ١ ، و عند النقر عليه نسدل قائمة تحتوى على بعض الأوامر الهامة والأساسية التى كانت موجودة قبلاً فى القائمة File ، أهم هذه الأوامر بالترتيب هى :-

أ – الأمر *Save as*:-

** ملحوظة هامة:-

عندما تحفظ ملفك فى وورد ٢٠٠٧ سوف تلاحظ أن امتداد الملف أصبح docx. بدلاً من doc. ، و سوف تلاحظ

بعد ذلك أن هذا الامتداد الجديد يقلل من حجم ملفاتك ، فمثلاً لو أنت كتبت فى ملف جملة : Hello Word

و حفظتها بالامتداد القديم سوف تلاحظ أن حجم الملف هو ٢٦ كيلو بايت ، أى ما يعادل ٢٦٠٠٠ حرف !!!!، بينما فى الامتداد الحديث نجد أن نفس الملف بنفس المحتوى حجمه ١٠ كيلو بايت فقط ، وفى الحقيقة فإن هناك أربعة أنواع من الامتدادات فى الإصدار الحديث هى :-

١– .docx :-

يستخدم للملفات العادية التى لا تحتوى على ماكرو .

٢– .docm :-

يستخدم للملفات التى تحتوى على ماكرو أو يمكن عمل الماكرو بها .

٣– .dotx :-

يستخدم للملفات التى تحفظ كنماذج Templates و لا تحتوى على ماكرو .

٤– .dotm :-

يستخدم للملفات التى تحفظ كنماذج و تحتوى على ماكرو أو يمكن عمل ماكرو بها .

<u>**شكل ١٩**</u>

<u>ب – الأمر   Print :-</u>

وهو أمر الطباعة ، و عند النقر عليه تظهر ثلاثة اختيارات كما هو موضح بالشكل رقم ٢٠ ، أولهم هو أمر الطباعة Print و عند النقر عليه سوف تظهر لك الشاشة المألوفة لديك من الإصدارات السابقة و التى تسألك عن عدد الصفحات التى تريد طباعتها و كذلك عدد النسخ

و ما إلى ذلك ….، أما الأمر الثانى فهو أمر الطباعة السريعة **Quick Print** وعند النقر عليه يقوم البرنامج بطباعة الملف فوراً دون ظهور أى شاشات أخرى …

أما الأمر الأخير فهو أمر **Print Preview** و الذى يمكنك من رؤية الشكل الذى سوف تكون عليه الصفحة بعد الطباعة حتى يمكنك إجراء أى تعديل بها و اكتشاف أى أخطاء قبل الطباعة ، أنظر الشكل رقم ٢٠ :-

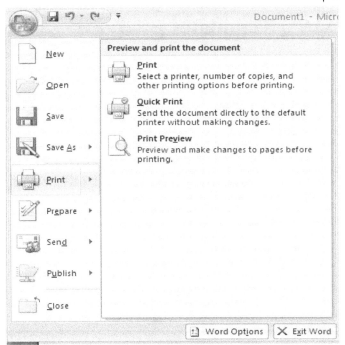

شكل ٢٠

ج – الأمر   *Convert* :-

كما لاحظنا إن هذا الأمر لم يكن موجوداً فى الأشكال السابقة للقائمة المنسدلة من زر الأوفيس …، و ذلك لأن هذا الأمر لا يظهر إلا عندما تقوم بفتح ملف قديم تم حفظه على إحدى إصدارات الوورد القديمة و هذا الأمر وظيفته هى تحويل الملف القديم من الامتداد

.doc إلى الامتداد docx. حتى يمكن حفظ الملف القديم و تشغيله على وورد ٢٠٠٧ ،

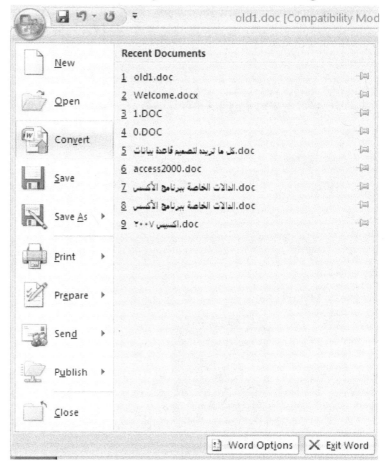

شكل ٢١

و عند النقر على هذا الأمر تظهر لك تلك الرسالة الموضحة بالشكل رقم ٢٢ و التى تخبرك أنه عند تغيير الامتداد سوف يحل الملف بالامتداد الجديد محل الملف بالامتداد القديم و يسألك إذا كنت موافقاً على ذلك أم لا ... ، و عند النقر على OK سوف يحدث ذلك فعلاً.

شكل ٢٢

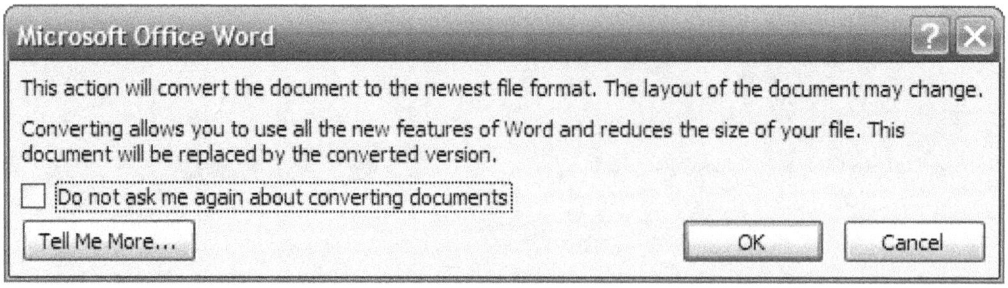

الفصل الثاني

كيفية العمل على برنامج وورد ٢٠٠٧

(الكتابة – التنسيق)

كما هو معروف لكل مستخدمى إصدارات الوورد السابقة أن فتح ملف وورد جديد يتم كالتالى

-:

١-   أفتح قائمة Start من أقصى يسار الشاشة .

٢-   أفتح All Programs .

٣-   أختر Microsoft Office 2007 .

٤-   أختر برنامج الوورد .

شكل ٢٣

بدء ملف جديد :-

لبدء ملف جديد فى برنامج الوورد هناك طريقتان :-

١- النقر على زر **Office Button** فى أعلى يسار الشاشة ، ثم اختيار الأمر **New** ، ثم يفتح لك مربع حوار لتختار منه الشكل الذى تريد أن يكون ملفك عليه كما يتضح فى الشكل رقم ٢٤ :-

شكل٢٤

و من هذه النماذج يمكنك عمل الفاكسات و الـ **C.V** و التقارير و أشياء أخرى كثيرة .

٢- كما تعودنا سابقاً الضغط على زرى **Ctrl + N** من على لوحة المفاتيح فيفتح لك الوورد ملف جديد خالى .

<u>كيفية الكتابة على صفحة الوورد :-</u>

بعد أن تفتح ملف جديد خالى سوف تجد أمامك صفحة بيضاء خالية .... يمكنك الكتابة عليها بالطريقة التالية:-

١-   أضغط بالفأرة فى المكان الذى تريد أن تبدأ الكتابة فيه .

٢-   أبدأ فى الكتابة عن طريق النقر على الحرف الذى تريد كتابته و ليكن حرف " أ "

٣-   لكتابة جملة " أنا أكتب أولى كلماتى على الوورد " أستمر فى النقر على حروف كلمة " أنا " ثم أضغط على زر المسافة فى لوحة المفاتيح Spacebar حتى لا تتشابك كلماتك مع بعضها البعض فيصبح شكلها كالتالى :-

" أناأكتبأولكلماتىفالوورد " ، كرر هذه الضغطة بعد كل كلمة .

٤-   للانتقال إلى سطر جديد أضغط مفتاح Enter .

٥-   للكتابة باللغة الإنجليزية أضغط على مفتاحى Shift + Alt الموجودين فى يسار لوحة المفاتيح ، ثم أتبع نفس الخطوات السابقة ، أو يمكنك الضغط على مربع اللغة الموجود فى يسار الـ Status Bar حيث سوف يظهر لك مربع حوار يمكنك اختيار اللغة التى تريدها منه كما هو موضح بالشكل رقم ٢٥ :-

شكل ٢٥

٦-   إذا أخطأت فى كتابة حرف و أردت إزالته أضغط على مفتاح Backspace الموجود فى يمين لوحة المفاتيح ،أما إذا أردت أن تمسح الجملة كاملة فقم بعمل تحديد عليها Selection عن طريق النقر المستمر عليها بالفأرة من اليمين إلى اليسار أو بالضغط على مفتاحى Shift +   حتى يصبح شكلها كالتالى :-

"أنا أكتب أولى كلماتى فى الوورد"

ثم أضغط على مفتاح **Delete** حتى يقوم البرنامج بمسح الجملة من الصفحة ،

٧- هناك أيضاً طرق أخرى لتحديد الكلمات والقطع **Paragraphs** بخلاف الطريقتين السابقتين مثل أن تقوم بالنقر على زر الفأرة الأيسر مرتان متتاليتان فى منتصف أى كلمة فيتم تحديدها ، أو أنقر على زر الفأرة الأيسر ثلاث مرات متتالية فى منتصف أى قطعة فسوف يقوم الوورد بالتحديد على هذه القطعة ، أو قف فى نهاية أى سطر ثم أضغط على الزرين **Shift + Home** من لوحة المفاتيح حتى يتم تحديد السطر كله ، أو أنقر ثلاث مرات متتالية أيضاً على زر الفأرة الأيسر خارج الحد الأيسر للصفحة فيقوم الوورد بالتحديد على كل الملف وهى نفس العملية التى تحدث عند الضغط على زرى (**Ctrl + A**) ، و أيضاً إذا ضغطت على زر **Ctrl** مع النقر نقرة واحدة على زر الفأرة الأيسر فسوف يقوم وورد بالتحديد على الملف كله ، أما إذا قمت بنفس العملية فى منتصف جملة فسوف يقوم الوورد بالتحديد على هذه الجملة فقط .

<u>تنسيق الجمل و الكلمات على الوورد :-</u>

و الآن بعد أن تعلمت كيفية الكتابة على برنامج الوورد يجب عليك أن تتعلم كيفية تنسيق ملفاتك حتى تبدو فى أحسن صورة ..... ،

كما أنه لا بد لك أن تعرف أنك يمكنك أن تكتب الكلام أولاً ، ثم تقوم بالتحديد عليه ، ثم تقوم باختيار تنسيق فسوف تجد كل ما اخترته يتم تطبيقه أمامك مباشرة على الكلام الذى كتبته ، أو تقوم باختيار تنسيق أولاً ، ثم تبدأ فى كتابة الكلام فتجد أن كل ما تكتبه يظهر طبقاً للتنسيق الذى اخترته أنت قبل أن تبدأ عملية الكتابة ....

*<u>أولاً: تنسيق الجمل *Sentences Formatting* :-</u>

١- <u>مربع الحوار *Font* :-</u>

لتنسيق الخط أتبع الخطوات التالية :-

١-قم بفتح ملف وورد جديد كما سبق و تعلمنا كيفية فتحه.

٢-قم بكتابة الجملة التالية و لتكن الحكمة المعروفة:-

" لا تؤجل عمل اليوم إلى الغد "

سوف تلاحظ بعد كتابتها أنها تبدو بهذا الشكل :-   لا تؤجل عمل اليوم إلى الغد

إنها تبدو صغيرة وغير واضحة إطلاقاً ....!!!!

٣- ألا يعجبك شكل هذا الخط ؟؟؟   إذاً لنقم بتغييره.........

عندما تقوم بعملية تثبيت الأوفيس على جهازك أياً كان إصداره يتم تثبيت بعض أنواع

الخطوط معه أيضاً أشهرها :-

(Times New Roman – Tahoma – Arial) ، و لكن أين نجد تلك الخطوط ؟؟؟

بالنسبة لمستخدمى إصدارات الأوفيس القديمة فقد اعتادوا على وجود أنواع الخطوط

المختلفة على شريط الأدوات

فى أعلى الشاشة ، أو أن يقوموا بفتح قائمة Format ثم اختيار Font فيظهر لهم مربع

حوار يقومون فيه بتغيير

الخط ، أما بالنسبة للوورد ٢٠٠٧ فقد وضع مربع حوار Font فى التبويب Home كما

بالشكل رقم ٢٦ :-

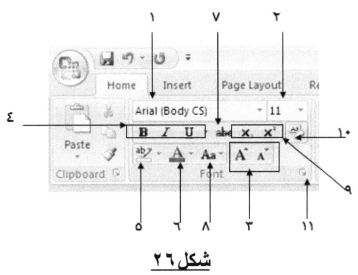

شكل ٢٦

من أجل تغيير الخط قف عند المربع رقم ١ ، ثم قم بالنقر على السهم الموجود فى آخره ،

فسوف تجد أن هناك قائمة انسدلت تحتوى على أنواع كثيرة من الخطوط ، فلنختر منها الخط

Tahoma ، و لا تنسى أن تقوم بالتحديد على الجملة لاختيارها كما سبق و ذكرنا ، فسوف

تصبح الجملة شكلها كالتالى :-

لا تؤجل عمل اليوم إلى الغد

لقد أختلف شكل الجملة نوعاً ما... أليس كذلك ؟؟؟

** للحصول عليها من خلال لوحة المفاتيح أضغط (Ctrl + Shift + F) .

٤- و لكن ألا ترى معى أن الجملة مكتوبة بخط صغير ؟؟ إذاً لنقم بتكبيرها ...

لتكبير الخط يجب عليك أن تقوم بالتحديد على جملتك ثم تذهب إلى المربع رقم ٢ ، سوف تلاحظ وجود سهم صغير إلى جوار الرقم ١١ ، قم بالضغط عليه حينئذ سوف نسدل لك قائمة بأرقام كثيرة ، أختر منها الرقم ١٦ ،   ماذا تلاحظ ؟؟

لا تؤجل عمل اليوم إلى الغد

لتصغير الخط قم بنفس الخطوات السابقة، و لكن أختر رقم أقل.....، ،

** للقيام بهذه العملية بدون استخدام الماوس قم بالتحديد على الجملة ، ثم أضغط على مفتاحى (د Ctrl+)

للتكبير ، و مفتاحى (ج Ctrl+) للتصغير من لوحة المفاتيح ، و يمكنك الضغط على الأزرار (Ctrl + Shift + P) للحصول على هذه القائمة مفتوحة من خلال لوحة المفاتيح .

٥- المربع رقم ٣ مرتبط بالمربع رقم ٢ ، كيف ذلك ؟؟؟ ، إذا أردت أن تعرف أتبع الخطوات التالية:-

قم بالتحديد على جملتك ، ثم أنقر على حرف A الكبير أكثر من مرة ، ماذا تلاحظ ؟؟؟

سوف تلاحظ أن حجم الجملة يكبر ، كما ستلاحظ أيضاً فى المربع رقم ٢ أن الرقم فى ازدياد ..... إذن لنقم بالتحديد على الجملة مرة أخرى، ثم ننقر على حرف A الصغير أكثر من مرة، ماذا تلاحظ ؟؟ سوف تلاحظ هذه المرة أن حجم الجملة يقل ، كما أن الرقم فى المربع رقم ٢ يقل أيضاً .....   من هذا نستنتج أن الحرفان A الكبير و الصغير يستخدمان لتكبير و تصغير الخط أيضاً.....

٦- المربع رقم ٤ يحتوى على ثلاثة حروف :-

الحرف الأول هو حرف **B** ، و هو اختصار لكلمة **Bold** التى تعنى " ثقيل " ، و هو يستخدم

لجعل الخط ثقيلاً ...   فلنجرب معاً ... ، قم بالتحديد على الجملة ، ثم أنقر بزر الفأرة الأيسر

على حرف **B** ، ماذا تلاحظ ؟؟؟؟

سوف يصبح شكل الجملة هكذا :-

لا تؤجل عمل اليوم إلى الغد

** يمكنك استخدام لوحة المفاتيح للحصول على هذه الخاصية عن طريق الضغط على

زرى (**Ctrl + B**) .

أما حرف **I** فسوف تلاحظ أنه مكتوب بهذا الشكل *I* و ذلك لأنه اختصار لكلمة **Italic**

التى تعنى " مائل " ،

إذن هو يستخدم لجعل الخط مائلاً فقط لإضافة شكل جمالى للجملة :-

لا تؤجل عمل اليوم إلى الغد

** يمكنك الحصول على هذه الخاصية عن طريق لوحة المفاتيح بالضغط على زرى (

Ctrl + I) .

أما الحرف **U** فهو مكتوب بهذا الشكل (<u>U</u>) و ذلك لأنه اختصار لكلمة **Underline** ،

فهو يستخدم لوضع خط تحت الكلام المهم مثل العناوين الرئيسية و الجمل التى تريد التركيز

عليها ليصبح شكلها كالتالى :-

<u>لا تؤجل عمل اليوم إلى الغد</u>

** يمكنك الحصول على هذه الخاصية عن طريق الضغط على زرى (**Ctrl + U**) فى

لوحة المفاتيح .

٧- الأداة رقم ٥ ليست غريبة على مستخدمى إصدارات الوورد السابقة ، فهى تستخدم

لتغيير لون خلفية الجملة ، أو بمعنى آخر تستخدم لوضع ظل للجملة .... ، لذا سوف تلاحظ

أنك إذا نقرت على السهم الصغير المجاور لحرفى **ab**

سوف يظهر لك مربع الحوار الموضح بالشكل رقم ٢٧ :-

شكل ٢٧

و هو عبارة عن مربع يحتوى على مجموعة من الألوان المختلفة التى يمكنك استخدامها

لوضع ظل للجملة ،   فلنختار اللون الأصفر .....

لا تؤجل عمل اليوم إلى الغد

** هناك طريقة أخرى ... إذا أردت أن تعرفها أضغط على زرى (Ctrl + F) ليظهر لك

مربع حوار Find ، ثم أتبع

التعليمات الموضحة بالشكل رقم ٢٨ :-

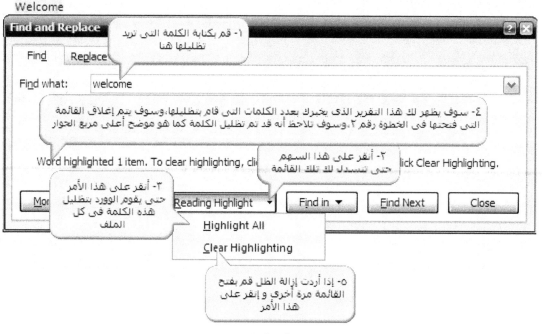

شكل ٢٨

من أهم فوائد هذه الطريقة هى أنك إذا أردت أن تضع ظلاً لكلمة معينة مكررة أكثر من

مرة فى الملف لن تضطر للبحث عنها و قراءة الملف كله حيث أن هذه العملية صعبة و مملة

خاصة فى الملفات الطويلة .

٨- الأداة رقم ٦ تستخدم لتغيير لون الخط نفسه، فقط قم بالتحديد على جملتك، ثم أنقر على السهم الصغير بجوار حرف   ، ثم أختر اللون الأحمر ..... A

<u>لا تؤجل عمل اليوم إلى الغد</u>

٩- الأداة رقم ٧ تستخدم لوضع خط يمر من خلال الجملة، و يتضح هذا من شكلها، و عند استخدامها تبدو الجملة مثل الشكل التالى :-

~~لا تؤجل عمل اليوم إلى الغد~~

** أعتاد مستخدمى وورد ٢٠٠٣ الحصول على هذه الخاصية من خلال مربع حوار Font الذى كنت تحصل عليه من خلال فتح القائمة Format ثم اختيار Font .

١٠- الأداة رقم ٨ Change Case :-

لا تستخدم إلا عندما تكتب باللغة الإنجليزية فقط...!! ، و ذلك لأنها تستخدم لتغيير حالة الأحرف من Capital إلى Small ، و هى ليست بجديدة علينا ... حيث اعتدنا على الحصول عليها فى وورد ٢٠٠٣ من خلال القائمة Format فلنجرب معاً ... لنكتب جملة بالإنجليزية... و ليكن المثل الإنجليزى:-

No news good news

ثم نقم بالتحديد عليه ، ثم نضغط على السهم الصغير المجاور لحرفى Aa لتظهر لنا الاختيارات الموضحة بالشكل

شكل ٢٩

الاختيار الأول Sentence Case يعبر عن حالة الجملة التى كتبت عليها ، لذا عند النقر عليه لن تلاحظ أى تغيير ، إلا إذا كنت قد استخدمت أياً من الاختيارات الأخرى فى تلك القائمة ، حيث أن و وظيفته هى أن يعود بالجملة لتنسيقها الذى كنت أنت قد كتبتها به ، أما الاختيار الثانى lowercase عند اختياره سوف يجعل كل حروف الجملة Small ليصبح شكلها كالتالى :-

no news good news

الاختيار الثالث UPPERCASE يستخدم لجعل كل حروف الجملة Capital :-

NO NEWS GOOD NEWS

الاختيار الرابع Capitalize Each Word يستخدم لتكبير أول حرف فى كل كلمة من الجملة و جعله Capital:-

No News Good News

الاختيار الأخير هو عكس الاختيار السابق فهو لتصغير أول حرف من كل كلمة و جعلها Small :-

nO nEWS gOOD nEWS

١١- المربع رقم ٩ يحتوى على أداتان تسميان Subscript و Superscript ، لنبدأ بالأداة Subscript .... ، لقد اعتدنا جميعاً عند دراستنا لعلم الكيمياء أن نجد رمز ثاني أكسيد الكربون مكتوب

بهذه الطريقة (CO_2) ، و ليست هذه الطريقة (Co2) ، الفرق فى كتابة الرقم ٢ .... للحصول عليه مكتوباً بالطريقة المعتادة يجب عليك أن تقوم بالتحديد على الرقم ٢ ، ثم تنقر على الأداة

Subscript ....،

أما الأداة Superscript فهى تستخدم مثلاً مثلما نرى فى الكتب ، حيث تكون المعلومة مكتوبة و فوقها رقم صغير يدل على مرجعية هذه المعلومة فى هوامش الكتاب .... ، مثل الشكل التالى :-

لكل فعل رد فعل مساوى له فى المقدار و مضاد له فى الاتجاه (قانون نيوتن) [1]

٢٨

للحصول على الرقم ١ مكتوب بهذه الطريقة يجب عليك أن تقوم بالتحديد عليه، ثم تنقر على الأداة   Superscript

** أعتاد مستخدمى وورد ٢٠٠٣ الحصول على هذه الخاصية من خلال مربع الحوار Font الذى سبق و ذكرنا

كيفية الحصول عليه فى النقطة رقم ٩ .

١٢- الأداة رقم ١٠ يشبه شكلها شكل الأستيكة ، وهى فعلاً تشبهها فى الوظيفة ، فهى تستخدم لمحو كل التنسيق من

الجملة و العودة بها للحالة الأولى التى كنت أنت قد كتبتها عليها ،

** يمكنك استخدام لوحة المفاتيح للحصول على هذه الخاصية عن طريق الضغط على زرى

.(Ctrl + Spacebar)

١٣- السهم رقم ١١ يشير إلى سهم صغير فى أقصى يمين مربع الحوار Font ، و هذا السهم عند الضغط عليه سوف

يظهر لك مربع حوار Font القديم الذى اعتدت عليه فى وورد ٢٠٠٣ ، و الذى يحتوى بداخله على كل التنسيق

سالفة الذكر ، مما يوضح مدى السهولة التى منحنا إياها وورد ٢٠٠٧ فى اختصاره للقوائم ،

** جدير بالذكر أنه يمكنك الحصول عليه عن طريق لوحة المفاتيح بالضغط على زرى (Ctrl + D) .

١٤- هناك خاصية يحتوى عليها برنامج الوورد تسمى " تكرار التنسيق " (Repeat Formatting) ، و هى عبارة

عن أنه يمكنك تكرار التنسيق عن طريق ضغطة واحدة على زر F4 ، فمثلاً لو أنت كتبت قطعة تحتوى على بعض

الأسماء، ثم بعد أن انتهيت من الكتابة قررت أن تجعل كل هذه الأسماء Bold فماذا تفعل ؟؟؟؟

سوف تقف على أول أسم ثم تجعله Bold ، ثم تقف على الاسم الثانى و تضغط F4 فتجده
قد تم تنسيقه مثل الاسم الأول تماماً ، و لكن لاحظ أن هذه الخاصية لا تكرر سوى آخر
تنسيق فقط ، أى أنك لو جعلت الاسم الأول Bold ثم Italic،ثم وقفت على الاسم الثانى و
ضغطت F4 سوف تلاحظ أنه سوف يصبحItalic فقط ،

و ليس الزر F4 فقط هو الذى يقوم بهذه الوظيفة فقط ، و لكن أيضاً زرى (Ctrl + Y)
، أيهما تفضل ؟؟؟؟؟

١٥- هناك خاصية أخرى يحتوى عليها برنامج الوورد و هى " نسخ التنسيق " (Copy
Formatting) ، و هى

عبارة عن أن تأخذ نسخة من تنسيق كلمة لتجعله على كلمة أخرى ، و هذه الخاصية تتميز
عن السابقة بأنها تأخذ

كل التنسيق الموجودة على الكلمة و ليس آخر تنسيق فقط، و هذه العملية تتم بطريقتين:-
الطريقة الأولى هى استخدام أداة تسمى Format Painter ، و هى موجودة فى التبويب
Home ، داخل مربع حوار Clipboard ، كما هى موضحة بالشكل رقم ٣٠ ، و موضوع
حولها دائرة :-

<u>شكل ٣٠</u>

ويمكنك استخدامها عن طريق أن تقوم بالتحديد على الجملة أو الكلمة التى تريد نسخ
تنسيقها ثم تنقر بالفأرة على

هذه الأداة ثم تأخذها و تنقر بها على الكلمة التى تريد نسخ التنسيق عليها فتلاحظ تطبيق
التنسيق ،

أما الطريقة الثانية فهى استخدام لوحة المفاتيح ، و هى عبارة عن أن تقف على الكلمة أو
الجملة التى تريد نسخ

تنسيقها ثم تضغط على الأزرار (Ctrl + Shift + C) ثم تقف على الكلمة أو الجملة التى تريد نسخ التنسيق عليها و تضغط على الأزرار (Ctrl + Shift + V) .

٢– شريط الأدوات الصغير (The Mini Toolbar) :–

هو عبارة عن شريط أدوات صغير يظهر عندما تقوم بالتحديد على كلمة أو جملة ما إلى جوارها ، و هو يحتوى على الأوامر سالفة الذكر الموجودة فى مربع حوار Font إلى جانب بعض الأوامر القليلة الأخرى ، و هو عبارة عن خاصية جديدة للتسهيل على المستخدم حتى لا يضطر للبحث عن الأدوات البسيطة فى التبويبات و مربعات الحوار ، و هو يظهر بالشكل رقم ٣١ :–

<u>شكل٣١</u>

و سوف تلاحظ أن باقى الأدوات قد تم شرحها .

** جدول يحتوى على بعض الاختصارات الخاصة بالتنسيق :–

المفاتيح الخاصة به	الأمر
Ctrl+Shift+A	All Caps كل الحروف كبيرة Capital
Ctrl+B, Ctrl+Shift+B	Bold ثقيل
Ctrl+Shift+C	Copy formatting نسخ التنسيق
Ctrl+D, Ctrl+Shift+F	Font dialog box فتح مربع الحوار Font
Alt+Ctrl+H	Highlighting تظليل

Ctrl+K	**Hyperlink** عمل لينك
Ctrl+I	**Italics** مائل
Ctrl+Shift+V	**Paste formatting** لصق التنسيق
Ctrl+[	**Point size: decrease by 1 point** تقليل حجم الخط درجة واحدة
Ctrl+Shift+<	**Point size: decrease to next preset**
Ctrl+]	**Point size: increase by 1 point** زيادة حجم الخط درجة واحدة
Ctrl+Shift+>	**Point size: increase to next preset**
Ctrl+Space	**Remove non-style character formatting** إزالة التنسيق
Ctrl+Shift+K	**Small capital letters** جعل الحروف كلها صغيرة small
Ctrl+=	**Subscript**
Ctrl+Shift+=	**Superscript**
Ctrl+Shift+Q	**Symbol font**
Shift+F3	**Toggle case of selected text**
Ctrl+U	**Underline** وضع خط تحت الكلام
Ctrl+Shift+W	**Word underline**

ثانياً : تنسيق القطع الكلامية Paragraphs Formatting :-

و الآن بعد أن تعلمنا كيفية تنسيق الكلمات و الجمل فسوف نتعلم تنسيق القطع مثل المقالات و الموضوعات الكبيرة ، كما أنك يجب عليك أن تعلم أن صفحة الوورد مقسمة إلى قطع Paragraphs حتى وإن كانت خالية ، و إذا أردت أن تتأكد قم بفتح التبويب Home سوف تلاحظ فى أقصى يمينه علامة شكلها Paragraph، ثم أنظر فى مربع حوار كالموضح بالشكل رقم ٣٢ :-

شكل٣٢

أنقر عليها بزر الفأرة الأيسر لتلاحظ أن صفحتك امتلأت بالنقاط ، كل نقطة من هذه النقاط تخبرك أن هناك حرفاً فى هذا المكان ، و كل هذه الأسطر من النقاط تخبرك أنها محجوزة لكتابة قطع مكانها .... ، و إذا أردت أن تعرف ما هى التنسيقات القياسية Default التى يقوم بها برنامج الوورد تلقائياً لأى صفحة جديدة من حيث الخط و نوعه وحجمه و كذلك الهوامش و مقاسها و أيضاً الـ Style الخاص بالصفحة قم بفتح ملف جديد ، ثم أضغط على زرى Shift + F1 ، ثم أنظر الشكل رقم ٣٣ :-

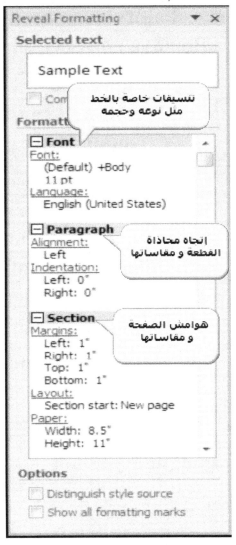

شكل ٣٣

فى البداية يجب عليك أن تعرف أن وورد ٢٠٠٧ يحتوى على مربعى حوار بإسم Paragraph ، الأول يوجد فى التبويب Home ، و الثانى يوجد فى التبويب Page Layout ، و سوف نتناول كل منهما بالتفصيل ، و لنبدأ بمربع حوار Paragraph الموجود فى تبويب Home ، أنظر الشكل رقم ٣٤ :-

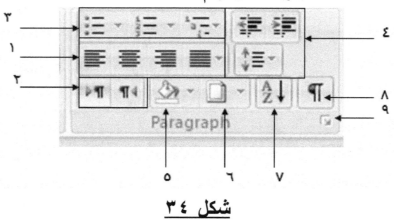

<u>شكل ٣٤</u>

١- هى أدوات محاذاة القطع الكلامية وهى تسمى على الترتيب من اليسار (Left – Center – Right – Justify) و لها أيضاً اختصارات على لوحة المفاتيح هى على نفس الترتيب (Ctrl + L , Ctrl + E ,Ctrl + R,Ctrl+J) ويمكنك إستخدام هذه الأدوات عن طريق أن تقوم بالتحديد على الـ Paragraph ثم تنقر على أى منهم بزر الفأرة الأيسر، فتجد أن الـ Paragraph أخذ المحاذاة التى تريدها وهم على الترتيب السابق :- الأولى تستخدم للمحاذاة على اليسار ، و تستخدم غالباً عندما تكتب بالإنجليزية ، الثانية تستخدم للمحاذاة فى الوسط ، و تستخدم مع العناوين الرئيسية أو عندما تريد التركيز على شىء معين ، الثالثة تستخدم للمحاذاة على اليمين ، و تستخدم غالباً عند الكتابة باللغة العربية ، الرابعة تستخدم لمحاذاة السطور مع بعضها مثل مقالات الجرائد ، بحيث لا تجد سطر أطول من الذى فوقه أو تحته ، و عند استخدامها يمكنك ألا تضغط على زر Enter للانتقال لسطر جديد ، حيث أنها سوف تنقل علامة الكتابة إلى السطر الجديد و تحاذى السطور مع بعضها ، و من أهم مميزات هذه العلامات أنك يمكنك استخدامهم معاً فى ملف واحد ، حيث يمكنك مثلاً كتابة قطعتين كلاميتين إحداهما باللغة العربية و الأخرى بالإنجليزية و تحاذيهما واحدة إلى اليمين و الأخرى إلى اليسار .

٢- هما علامتان تستخدمان أيضاً لتحديد اتجاه القطع الكلامية ، وهما لا تحتويان على أية اتجاهات سوى من اليمين أو من اليسار ، حيث أنهما تختلفان عن سابقاتهما فى أنهما لا يستخدمان لتحديد مكان وجود القطعة ، ولكنهما يتحكمان فى كيفية الكتابة ، حيث أنك إذا ضغطت على محاذاة اليسار فسوف تجعلك تكتب من اليسار إلى اليمين حتى لو كنت تكتب باللغة العربية ، كما أن هاتان العلامتان من الصعب أن تستخدما معاً فى ملف واحد ، حيث أن ذلك سوف يصيبك ببعض الارتباك .

٣- هؤلاء الثلاثة علامات لهم استخدامات مختلفة ....

لنبدأ بالأولى من اليسار   و هى تسمى Bullets ، و تستخدم عندما تكتب موضوعاً مقسماً إلى عدة نقاط و لكنك لا تريد أن تقوم بترقيمهم ، لذا فهذه العلامة تقوم بإعطائهم علامات مميزة لتجعل القارئ يميز أن كل نقطة مستقلة بذاتها ، و عندما تنقر عليها تقوم هى بإعطاء علامة للسطر الذى تقف فيه ، ثم كلما تضغط Enter تعطى السطر الجديد نفس العلامة ، و عندما تنقر على السهم الصغير المجاور لها تنسدل قائمة بالأشكال التى يمكنك أن تختار منها الشكل الذى يناسبك كما هو موضح بالشكل رقم ٣٥:-

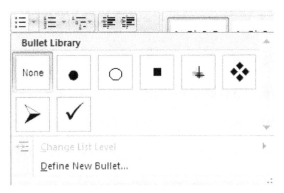

شكل ٣٥

أما بالنسبة للعلامة الثانية   فهى تسمى Numbering ، و يتضح من أسمها أنها تستخدم للترقيم ، و هى تتشابه مع سابقتها فى كيفية الاستخدام والخواص ، كما أنها تحتوى أيضاً على قائمة تحتوى على أشكال مختلفة لتختار منها الشكل الذى تريده لأرقامك .. أنظر الشكل رقم ٣٦ :-

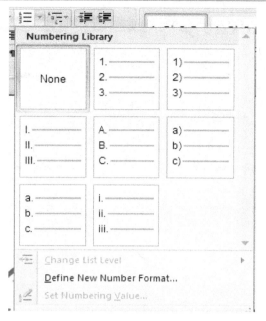

شكل ٣٦

أما العلامة الثالثة 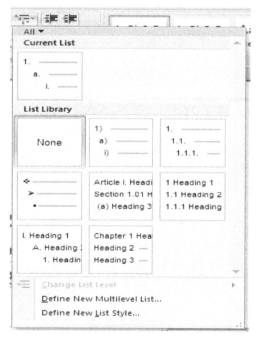 فتسمى **Multilevel List** ، و هى تستخدم لعمل قائمة مثل العلامتين السابقتين و لكن   قائمتها تكون على مستويات مختلفة وليست على مستوى واحد ... ، لاختيار الشكل الذى تريده أنقر على السهم الصغير لتنسدل القائمة كما هى موضحة بالشكل رقم ٣٧ :-

شكل ٣٧

٤ – هذه الثلاثة علامات تستخدم لتنسيق القطع الكلامية من حيث المسافات المناسبة بين السطور و حدود الصفحة، و كذلك بين السطور و بعضها البعض..... فالعلامة الأولى

٣٦

إذا وقفت عليها بالماوس سوف يظهر لك أسمها و هو Increase Indent و هو يعنى زيادة حد السطر من الجهة اليمنى ......،أما العلامة الثانية ⃞ فهى تسمى Decrease Indent و تستخدم لتقليل المسافة بين السطر و حد الصفحة الأيسر ، أما العلامة الثالثة ⃞ فهى تستخدم لتحديد المسافة بين السطور الأفقية حيث يمكنك زيادتها أو تقليلها ، و عند النقر على السهم الصغير بجوار العلامة سوف تنسدل لك قائمة شكلها كالموضح بالشكل رقم ٣٨ :-

شكل ٣٨

٥- هذه العلامة تستخدم لتغيير لون الخلفية لأى Paragraph تختاره أنت ، لذا عند النقر على السهم الصغير بجوارها تنسدل لك قائمة بمجموعة الألوان المتاحة ، أنظر الشكل رقم ٣٩ :-

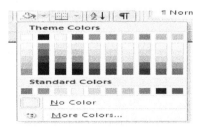

شكل ٣٩

٦- هذه العلامة تسمى Borders and Shading ، و هى ليست جديدة حيث أننا اعتدنا الحصول عليها فى وورد ٢٠٠٣ من خلال القائمة Format ، و هى تستخدم لتنسيق شكل

حدود الجدول إذا كان هناك جدول فى الملف كما أن هناك اختيار يمكنك من رسم جدول ، و أيضاً إضافة خطوط أفقية للصفحة ، و كذلك أيضاً و ضع هوامش للصفحة ذات شكل جمالى ، لذا قم بالنقر على السهم الصغير بجوارها ليظهر لك الشكل رقم ٤٠ ، ثم حاول تجربة الاختيارات المتاحة لديك ..

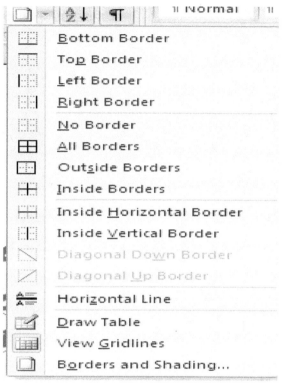

شكل ٤٠

٧- هذه العلامة تسمى Sort ، و هى تستخدم لإعادة ترتيب الـ Paragraph ، كما أنه يمكنك الحصول عليها عن طريق لوحة المفاتيح بالضغط على الأزرار (Alt + A , S) ، فلو أنت قمت بالتحديد على أحد الـ Paragraphs الموجودة فى ملفك ثم نقرت على هذه العلامة فسوف يظهر لك مربع الحوار الموضح بالشكل رقم ٣٨ :-

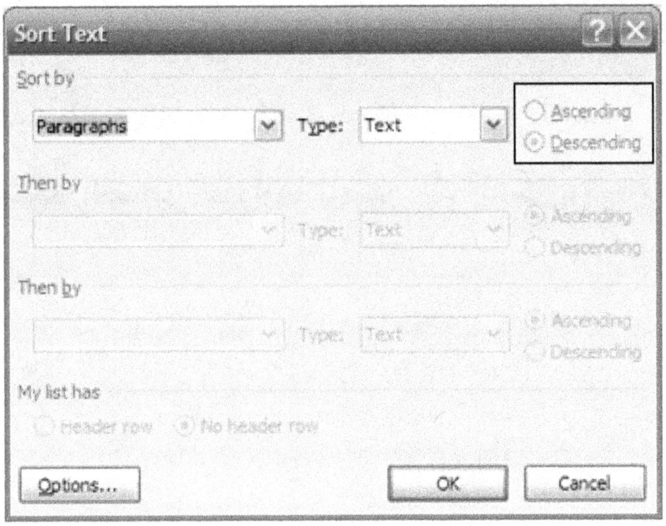

شكل ٤١

ثم عن طريق النقر على أحد الاختيارين الموجودين فى داخل المربع الصغير المظلل سوف يقوم الوورد بترتيب إل **Paragraph** ، و ذلك لأن الاختيار الأول و هو **Ascending** يعنى الترتيب التصاعدي ، أى أنه سوف يرتب القطعة حسب الحرف الأول من كل سطر ترتيباً تصاعدياً حسب الترتيب الأبجدي للحروف .... أما الاختيار الثانى **Descending** فهو عكس الأول أى أنه سوف يقوم بترتيب القطعة ترتيباً تنازلياً .

٨- هى العلامة التى تحدثنا عنها فى بداية هذا الفصل و التى تظهر النقاط المخفية فى الصفحة التى تخبرك بعدد الحروف المحجوزة للقطع الكلامية .

٩- هذا السهم الصغير فى أقصى يمين مربع الحوار **Paragraph** عند النقر عليه سوف يظهر لك مربع حوار **Paragraph** القديم الذى اعتدت على الحصول عليه فى وورد ٢٠٠٣ من خلال اختيار القائمة **Format** ثم اختيار **Paragraph**.

و الآن لننتقل إلى مربع حوار Paragraph الموجود فى التبويب Page Layout **

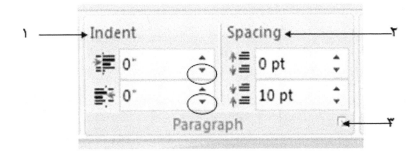

شكل ٤٢

نلاحظ فى مربع الحوار Paragraph الموجود فى التبويب Page Layout أنه لا يحتوى على أية اختيارات جديدة أو مختلفة عن مثيله الموجود فى تبويب Home ، و مع ذلك فلنتحدث عنه قليلاً ....

١ – Indent :- سبق و تحدثنا عنها ، و هى المسئولة عن زيادة أو نقص المسافات بين السطور و حدود الصفحة ، و الآن قم بالتحديد على أى Paragraph فى ملفك ، ثم أنقر على أى من السهمين السفليين الموضوع حولهما دوائر .... ماذا تلاحظ ؟؟؟؟

٢ – Spacing :- تستخدم لوضع مسافات بين القطع الكلامية و بعضها فمثلاً المربع العلوي يستخدم لوضع مسافة فوق الـ Paragraph الذى تختاره ، و يمكنك أن تلاحظ أنك تستطيع التحكم فى مقاس هذه المسافة ، أما المربع السفلى فيستخدم لوضع مسافة أسفل الـ Paragraph الذى تختاره ، و يمكنك أيضاً التحكم فى مقاس هذه المسافة .

٣ – السهم المعتاد الذى يقودنا لمربع حوار Paragraph القديم .

ملحوظة :-

إذا أردت أن تقوم بالتبديل بين قطعتين كلاميتين ، أى وضع السفلى فى الأعلى و العليا فى الأسفل فقم بالوقوف على القطعة السفلى التى تريدها فى الأعلى ثم إضغط على الأزرار (Shift + Alt + Up Arrow) ، أو قف على القطعةالموجودة فى الأعلى و التى تريدها فى الأسفل و إضغط على الأزرار (Shift + Alt + Down Arrow)

ෆৡ৲৲ৡ৲৲ৡৡ৲৲ৡ৲ৡৡ৲৲ৡৡৡ

الفصل الثالث

إستخدام الأنماط *Styles*

تستخدم هذه الأنماط لتغيير و تعديل مظهر الملف و إعطائه شكلاً جمالياً ، كما أن هذه الأنماط ليست جديدة على برنامج الوورد ، فقد كانت موجودة فى إصدارات الوورد السابقة ، حيث كنت تراها على شريط الأدوات Tool Bar أو تجدها فى القائمة Format ، أما الآن فقد أصبحت هذه الأنماط لها مربع حوار خاص بها فى التبويب Home ، أنظر الشكل رقم ٤٣ :-

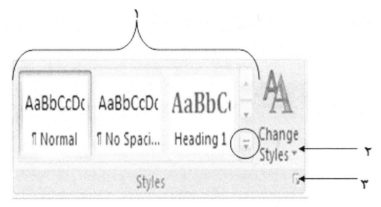

شكل٤٣

١- يسمى هذا المستطيل بإسم Quick Styles Gallery أو مخزن الأنماط السريع ، و هو يسمى بهذا الاسم لأنه

يعطيك بعض الأنماط الجاهزة التى يمنحك الوورد إياها بسرعة ، وعند النقر على السهم الموضوع حوله دائرة الذى

يسمى More سوف يريك أنماط أخرى غير تلك الظاهرة أمامك ، أنظر الشكل رقم ٤٤:-

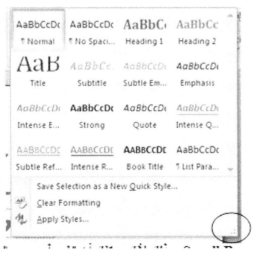

و نلاحظ فى هذا المربع أنه يحتوى على Scroll Bar و ذلك لأنك يمكنك أن تغير فى حجم المربع عن طريق الوقوف بالفأرة على الركن الموضوع حوله دائرة و تسحبه لأعلى أو لأسفل لتكبير أو تصغير المربع ، كما يمكنك إضافة أنماط جديدة و جعلها هى الأنماط المفضلة لك ، أما بالنسبة للاختيارات الثلاثة الأخيرة فأولهم هو Save Selection as a New Quick Style ، و هو يستخدم لصنع أنماط جديدة خاصة بك بناءاً على الأنماط القديمة و إضافتها للقائمة الموضحة أمامك ، أى أنك يمكنك أن تختار أياً من الأنماط الموضحة أمامك ثم تقوم بالتغيير فى خصائصه مثل اللون و نوع الخط المستخدم و ما إلى ذلك ، فأنت إذا نقرت على هذا الاختيار فسوف يظهر لك مربع الحوار الموضح بالشكل رقم ٤٥ :-

شكل٤٥

تلاحظ من الشكل السابق أن الوورد يعطيك إمكانية التغيير فى أسم النمط و سوف نسميه mmm ، كما يعرض عليك شكله الحالى فإذا أعجبك أنقر OK ، و إذا أردت تغييره أنقر على Modify ليظهر لك مربع الحوار الموضح بالشكل رقم ٤٦ :-

شكل٤٦

إذا أمعنت النظر فى هذا المربع سوف تلاحظ أنه يسألك عن كل ما يخص نمطك الجديد مثل نوع الخط و حجمه و محاذاته ، وأيضاً إذا كنت تريد إضافته للقائمة Quick Style List أم لا ، و كذلك إن كنت تريده فى هذا الملف فقط أم فى كل ملفاتك ....

و الآن.... قم بتصميم نمطك الجديد كما يحلو لك ثم أنقر OK، ثم قم بفتح Quick Style Gallery مرة أخرى.. ماذا تلاحظ ؟؟؟!!!

أما الاختيار الثانى فى نهاية مربع الحوار Quick Style Gallery فهو Clear Formatting ، و أسمه يوضح وظيفته فهو يستخدم لإزالة كل التنسيق من الجملة .... أما الاختيار الثالث فوظيفته تشبه إلى حد كبير وظيفة الاختيار الأول، و لكن بطريقة أخرى.... ، فهذا الاختيار يسمى Apply Styles ، وعند النقر عليه يظهر مربع حوار يمكنك الحصول عليه بالضغط على الأزرار

٤٣

Ctrl + Shift+S و هو موضح بالشكل رقم ٤٧ :-

شكل ٤٧

يمكنك تغيير الاسم الموجود فى مربع Style Name بكتابة أسم جديد لعمل أسلوب جديد و هنا سوف يتحول الاسم الزر Reapply إلى New و عند النقر عليه ينشط الزر Modify للتعديل فيه بظهور مربع حوار يسمى Modify Style ، و هو يحتوى على نفس الاختيارات التى يحتوى عليها مربع الحوار السابق شرحه ، كذلك يمكنك أن تقوم بالتعديل فى أياً من الأساليب القديمة بفتح القائمة عن طريق السهم الموضوع حوله دائرة ثم النقر على Modify و إتباع نفس الخطوات السابقة ، أو الوقوف على أياً منهم فى Quick Style List ثم النقر على زر الفأرة الأيمن و اختيار Modify ليظهر لك مربع الحوار Modify Style .

٢- هو مربع Change Style ، و عند فتحه سوف تنسدل لك القائمة الموضحة بالشكل رقم ٤٨ :-

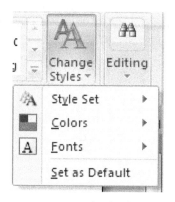

شكل ٤٨

و عند النقر على الاختيار الأول Style Set سوف تظهر لك القائمة الموضحة بالشكل رقم ٤٩ :-

هذه الأنماط الموضحة فى القائمة ليست من ضمن الأنماط الموجودة فى Quick Style List ، و لكنها أنماط أخرى تكون موجودة داخل ملفات الـ Office نفسه ، و إذا أردت أن تعرف أين توجد فتتبع المسار التالى :-

C:\Program Files\Microsoft Office\OFFICE1QuickStyles\1033

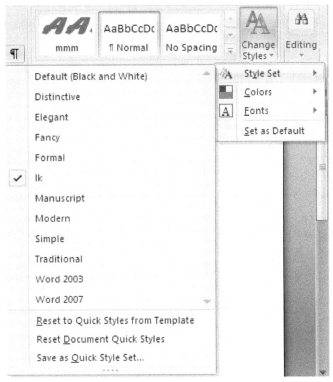

شكل٤٩

أما بالنسبة للاختيار الثانى الخاص بالألوان فعند النقر عليه تظهر قائمة الألوان الموضحة بالشكل رقم ٥٠ :-

أختر منها اللون المفضل لك............

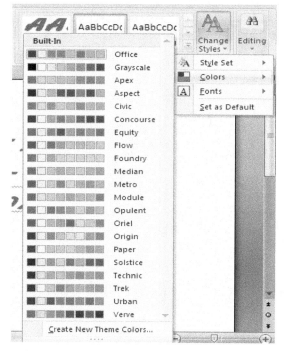

شكل ٥٠

أما الاختيار الثالث فيحتوى على مجموعة خطوط Fonts و عند فتحها و التنقل فيها عن

طريق الـ Scroll Bar سوف تلاحظ ما يلى :-

إن هذه الخطوط ليست كلها الخطوط الموجودة فى مربع الحوار Fonts ، بل أنك ربما

قمت بإدخال خطوط جديدة على الوورد و لكنك تلاحظ أنها غير موجودة بتلك القائمة

.....!!!!، و ذلك لأن هذه الخطوط هى خطوط Built-In كما هو مكتوب فى أعلى القائمة ،

أى أنها أيضاً خطوط موجودة فى داخل ملفات الـ Office نفسه ، أنظر الشكل رقم ٥١ :-

شكل ٥١

الاختيار الأخير Set as Default يستخدم لجعل الأسلوب الذى تختاره من تلك الأساليب هو الاختيار التلقائي عندما تفتح أى ملف وورد .

٣- السهم الصغير فى نهاية كل مربع حوار و الذى اعتدنا عليه ليظهر القوائم و مربعات الحوار القديمة ، هنا أيضاً يقوم بنفس الوظيفة و يظهر قائمة الأساليب القديمة التى اعتدنا على الحصول عليها من خلال شريط الأدوات أو القائمة Format.

الفصل الرابع

إعداد الصفحة Page Setup

أولاً : استخدام مربع الحوار Page Setup :-

يستخدم هذا الأمر من أجل تنظيم الشكل النهائي للصفحة من حيث أنها عرضية أو طولية و هوامشها و لونها.... الخ ،و هذا الأمر ضروري من أجل معرفة شكل الصفحة النهائي قبل الطباعة و نوعية الورق المستخدم و مقاسه ، و من الأمور البديهية أنك إذا كنت تكتب ملفاً طويلاً يتكون من عدة صفحات فإن أى إعداد سوف تقوم به على صفحة واحدة سوف يسرى على جميع الصفحات .... ، فمثلاً ليس من الممكن أن يحتوى ملف واحد على صفحة طولية و أخرى عرضية !!، جدير بالذكر أن هذا الأمر ليس بجديد على مستخدمى إصدارات وورد السابقة ... حيث اعتادوا الحصول عليه من خلال قائمة File ، و لكنه الآن فى وورد ٢٠٠٧ عبارة عن إحدى مربعات الحوار التى يحتوى عليها التبويب Page Layout ، أنظر الشكل رقم ٥٢ :-

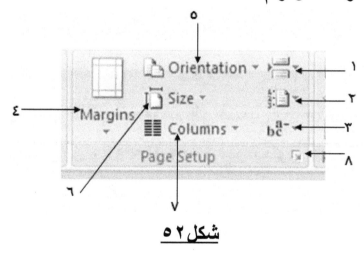

شكل٥٢

١- الاختيار Insert Page and Section Breaks :-

و عند النقر عليه تنسدل لك القائمة الموضحة بالشكل رقم ٥٣ :-

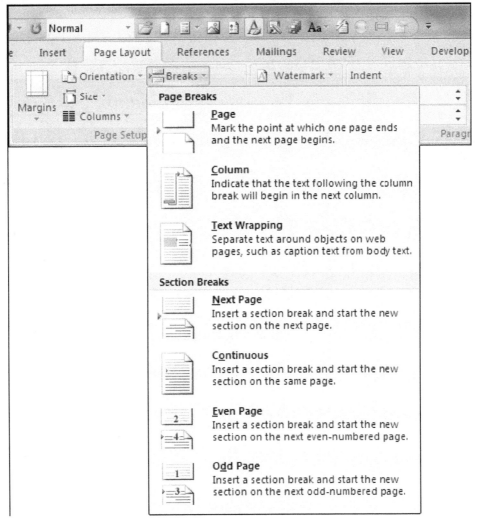

شكل٥٣

كما تلاحظ من خلال الشكل أنه مقسم إلى قسمين:- Page Breaks , Section

Breaks بالنسبة للقسم الأول Page Breaks فهو يحتوى على ثلاثة خيارات ....

الأول هو Page وهو يستخدم لإضافة صفحة كاملة فى المكان الذى تريده ، فإذا وقفت فى

أعلى صفحتك و اخترت هذا الاختيار فسوف يضيف لك الوورد صفحة قبل الصفحة التى

كنت تعمل بها ، و إذا وقفت فى نهاية صفحتك و اخترت هذا الاختيار فسوف يضيف لك

الوورد صفحة جديدة بعد صفحتك ، و إذا وقفت فى منتصف الكلام و اخترت هذا الاختيار

فسوف تلاحظ أن كل الكلام الموجود قبل علامة الكتابة أصبح فى صفحة و كل الكلام

الموجود بعد هذه العلامة أصبح فى صفحة أخرى .... ،

أما الاختيار الثانى **Column** فيستخدم عندما تكون صفحتك مقسمة إلى أعمدة مثل

مقالات الجرائد بهذا الشكل  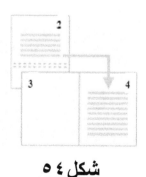 حيث أنه يشبه إلى حد كبير الاختيار الأول فى طريقة

استخدامه ، لإضافة أعمدة فى الصفحة قبل أو بعد أو فى منتصف العمود الذى تكتب فيه

.... أما الاختيار الثالث **Text Wrapping** فهو لا يستخدم إلا عندما تحتوى

الصفحة على صورة أو رسم بيانى أو

أى كائن آخر بخلاف النصوص ، فهو الذى يقوم بتسهيل عملية وضع الكلام إلى جوار

الصورة كما تلاحظ فى أسلوب   كتابة هذا الكتاب ......،

أما بالنسبة للقسم الثانى **Section Breaks** فهو يحتوى على أربعة خيارات ....

أولهم هو **Next Page** ، و هو يستخدم لإضافة فقرة جديدة بين الفقرات على أن تبدأ هذه

الفقرة فى الصفحة التالية ..

الاختيار الثانى هو **Continuous** وهو يستخدم لإضافة فقرة جديدة بين فقرات هذه الصفحة

و تبدأ هذه الفقرة الجديدة فى نفس الصفحة كما الشكل :-

الاختيار الثالث **Even Page** يستخدم إذا كنت قد قمت بترقيم الصفحات و تريد أن تكون

بداية كل فصل من كتابك على صفحة رقمها زوجي فأختر هذا الاختيار ، حيث سيضع

Section Break فى نهاية كل فصل و يبدأ الفصل

الجديد فى الصفحة الزوجية و يترك الصفحة الفردية خالية كما هو موضح بالشكل رقم ٥٤

....

شكل ٥٤

أما الاختيار الرابع و الأخير Odd Page فهو عكس سابقه حيث يختر الصفحات ذات الأرقام الفردية كما هو موضح بالشكل رقم ٥٥ :-

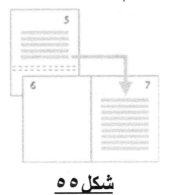

<u>شكل ٥٥</u>

٢- Line Numbers :-

و يتضح من أسمه وظيفته و هى وضع أرقام للسطور التى تحتوى عليها الصفحة ، و هو يختلف عن الاختيار   Numbering الموجود فى مربع حوار Paragraph فى التبويب Home الذى يستخدم عند الحاجة لترقيم بعض النقاط الهامة ، أما الاختيار الذى نتحدث عنه الآن فهو يضع أرقاماً للسطور نفسها التى تحتوى عليها الصفحة أو الملف إن أنت أردت ذلك و يكتب هذه الأرقام فى هوامش الصفحة و ليس إلى جوار الكلام الذى تكتبه أنت ، و عندما   تنقر عليه تظهر لك الاختيارات الموضحة بالشكل رقم ٥٦ :-

<u>شكل ٥٦</u>

٣- Hyphenation التشريط :-

و هو أمر يستخدم عند كتابة المقالات الطويلة ، فهذا الأمر يستخدم لتنسيق الفقرات بحيث تصبح سطورها متساوية تماماً فى بدايتها و نهايتها ، و لكى نفهم أكثر سوف نعطى مثال

.... إذا كنت تكتب سطراً طويلاً و كانت فى نهايته كلمة مكونة من ستة حروف ، و لكن المكان المتبقي فى السطر لا يتسع سوى لثلاثة حروف فقط ....

برنامج الوورد مبرمج بحيث أنه فى هذه الحالة يقوم بنقل الكلمة كلها إلى السطر التالى ، و لكن إذا كنت أنت تكتب مقالاً أو تريد لسطور فقرتك أن تصبح متساوية فأنت تريد كتابة هذه الأحرف الثلاثة فى نهاية السطر و تبدأ بالثلاثة الآخرين فى سطر آخر ....، و سوف تلاحظ أن هذا الشكل يحدث كثيراً خصوصاً فى الكتب و المجلات المكتوبة باللغة الإنجليزية ... الأمر Hyphenation هو المسئول عن القيام بهذا الدور، وعند فتح قائمته سوف تلاحظ ما هو موضح بالشكل رقم٥٧ :-

Page Borders
0"
None
Automatic
Manual
Hyphenation Options...

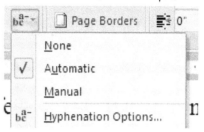

شكل٥٧

سوف تلاحظ فى هذه القائمة وجود ثلاثة اختيارات ، لكى تفهمها جيداً سوف نقوم بالتطبيق عملياً ....إليك هذه الجملة المقتبسة من إحدى الكتب الإنجليزية ....

قم بكتابة هذه الجملة بالخط Berkeley-Book، بحجم ٢١ ....

ثم قم بالتحديد عليها و أنقر على الأمر Hyphenate ، سوف تظهر لك القائمة سالفة الذكر باختياراتها الثلاثة ....

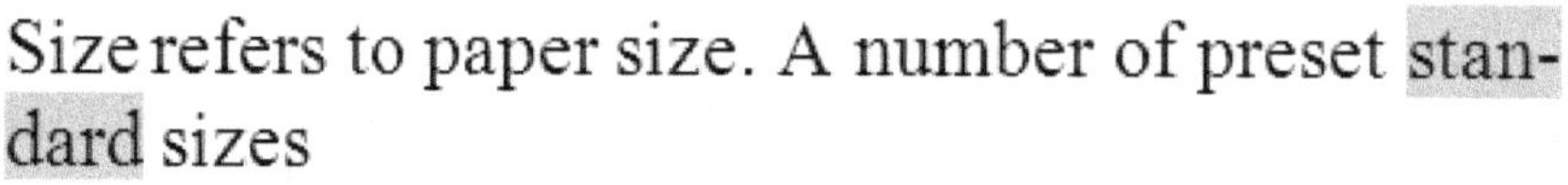

Size refers to paper size. A number of preset stan-
dard sizes

شكل٥٨

الأول None ، عند اختياره سوف تنتقل كلمة Standard إلى السطر التالى ....

و الثانى Automatic ، و عند اختياره سوف تعود كلمة Standard إلى الشكل الذى تراها عليه الآن ...... و الثالث Manual أى يدوياً ، و عند اختياره سوف يظهر لك مربع الحوار الموضح بالشكل رقم ٥٩ :-

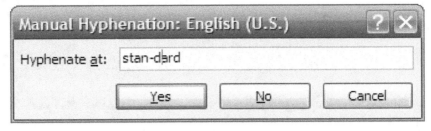

<u>شكل٥٩</u>

يسألك أين تريد أن تقسم الكلمة ؟؟؟ مثلما فعل هو عند حرف n أم عند أى حرف آخر ؟؟؟ ، قم باختيار الحرف الذى تريد أن تقسم كلمتك عنده ، ثم أنقر Yes ، ثم سوف تلاحظ تنفيذ ما قمت به من تعديل فى مربع الحوار .... هناك اختيار آخر فى نهاية القائمة هو Hyphenation Options ، و عند النقر عليه يظهر لك مربع الحوار الموضح بالشكل رقم ٦٠ ، الذى يسألك ما إذا كنت تريد أن تقوم بتشريط ملفك كله تلقائياً ، أم أنك تريد تشريط الكلمات التى تبدأ بأحرف كبيرة فقط و ما إلى ذلك .... ، قم باختيار طريقة التشريط التى تناسبك ثم أنقر Ok .

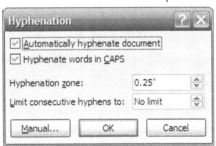

<u>شكل٦٠</u>

٤ - الهوامش Margins :-

هذه الأداة وظيفتها هى تعديل هوامش الصفحة ، لذا عندما تنقر على السهم الصغير الموجود أسفل كلمة Margins سوف تلاحظ انسدال القائمة الموضحة بالشكل رقم ٦١ :-

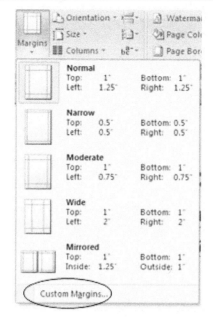

شكل ٦١

عند النظر إليها تلاحظ أن الوورد يمنحك اختيارات متعددة،مثل أن تكون هوامش صفحتك عادية أو ضيقة أو متوسطة أو عريضة أو تكون عبارة عن صفحتين متجاورتين ، كما تلاحظ أن بجوار كل اختيار توجد المقاسات الخاصة به ....،

أما بالنسبة للاختيار الأخير الموضوع حوله دائرة Custom Margins عندما تنقر عليه سوف ينفتح لك التبويب Margins الذى كنت تراه فى مربع حوار Page Setup القديم الذى كنت تحصل عليه من قائمة File ، و هناك تستطيع أنت أن تقوم بتحديد المقاسات الخاصة بك و المفضلة لديك بدون التقيد بتلك الموجودة فى القائمة الموضحة بالشكل ... ، جدير بالذكر أنك يمكنك أن تقوم بتعديل هوامش صفحتك يدوياً، و ذلك بالوقوف على أحد أطراف المسطرة فى النقطة مابين اللونين الأزرق و الأبيض حتى يصبح شكل سهم الفأرة ذو رأسين هكذا ، ثم قم بالنقر عليه و سحبه حتى تصل للحجم الذى تريده ، و تلك العملية تصلح للهوامش الرأسية والأفقية.

٥- Orientation :-

هى أداة سهلة وبسيطة اعتدنا جميعاً التعامل معها فى وورد ٢٠٠٣ ، و لكن من خلال مربع الحوار Page Setup ،و هى تستخدم لتحديد ما إذا كانت الصفحة طولية Portrait أو عرضية Landscape كما هو موضح بالشكل رقم٦٢:-

شكل٦٢

*** تستخدم أحياناً الصفحة العرضية عند إدراج بعض الجداول الكبيرة أو عند إدراج بعض الصور ***

<u>٦- المقاس Size:-</u>

و هى بالفعل أداة تستخدم لتحديد مقاس الورقة التى سوف تطبع عليها الصفحة بعد الانتهاء من العمل فيها ،

لذا عند النقر على السهم الصغير تنسدل لك القائمة الموضحة بالشكل رقم ٦٣ :-

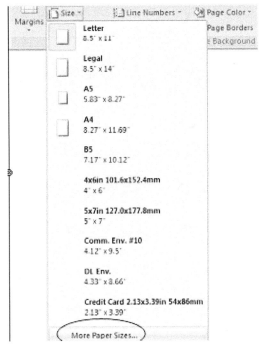

شكل٦٣

تلاحظ فيها المقاسات المختلفة التى يمكنك استخدامها مثل Letter الذى يستخدم لطباعة الخطابات ، و كذلك A4 و وأكثر أنواع الورق شيوعاً و استخداما ، و أيضاً A5 , B5 ...الخ و لكن لاحظ الاختيار الأخير فى نهاية القائمة

الموضوع حوله دائرة و هو More Paper Sizes ، عند النقر عليه سوف ينفتح لك التبويب Paper فى مربع حوار Page Setup القديم حيث يمكنك وضع المقاسات التى تريدها لورقتك ، مع مراعاة أن تكون هناك ورقة بهذه المقاسات فعلاً ، و كذلك أن تكون الطابعة الخاصة بك يمكنها التعامل مع تلك النوعية من الورق ، و أن تلاءم الورقة شكل ملفك .

٧- الأعمدة Columns:-

و هى أداة تستخدم لضبط شكل الصفحة من حيث عدد الأعمدة فيها ، حيث أنك ربما تحب الكتابة فى عمودين أو أكثر كما ترى المقالات فى الجرائد و المجلات ، و هذه الأداة ليست جديدة حيث وجدت من قبل فى وورد ٢٠٠٣ فى القائمة Format ، و عند النقر عليها تلاحظ انسدال القائمة الموضحة بالشكل رقم ٦١ :-

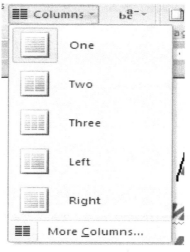

شكل ٦٤

نلاحظ فى هذه القائمة تعدد أشكال الصفحة ذات الأعمدة والاختيارات المتاحة فيها ....، مثل أن تكون الصفحة ذات عمود واحد ، و هذا هو الاستخدام الشائع ، أو تكون ذات عمودين متساويين ، أو ذات ثلاثة أعمدة متساوية ، أو ذات عمودين أصغرهما على اليسار ، أو عمودين أصغرهما على اليمين .... ،

أما الاختيار الأخير More Columns عند النقر عليه بالفأرة ينفتح لك مربع حوار Columns القديم الذى كنت تجده عند فتح القائمة Format و النقر على الاختيار Columns... أنظر الشكل رقم ٦٥ :-

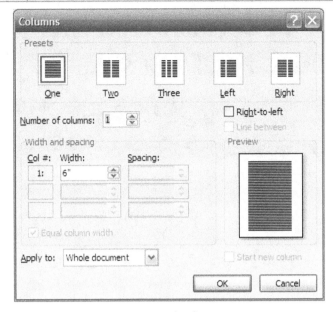

شكل٦٥

٨- السهم الصغير فى نهاية مربع الحوار Page Setup يستخدم لفتح مربع حوار Page Setup القديم الذى اعتدت الحصول عليه من خلال القائمة File .

ثانياً:وضع اللمسات الأخيرة من خلال مربع حوار   Page Background -:

يستخدم مربع الحوار هذا لتزيين الصفحة و لإكسابها شكلاً جمالياً ، لذا سوف تلاحظ أنه سوف يمنحك إمكانية أن تقوم بتصميم صفحة تشبه إعلانات الفنادق Brochures ، و البامفليت و ما إلى ذلك .... ، مربع الحوار Page Background موجود فى التبويب Page Layout أيضاً مثل سابقه ، لنبدأ معاً ....

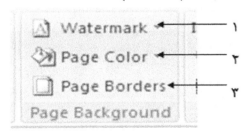

شكل٦٦

كما تلاحظ الآن أنه قد يكون مربع الحوار Page Background أصغر مربعات الحوار التى قمنا بدراستها معاً ....و لكن عليك أن تعرف أنه من أكثر مربعات الحوار التى تكسب ملفك بريقاً و جمالاً .....

١- العلامة المائية Water Mark :-

اعتدنا على سمع هذه الكلمة عند الحديث عن النقود ، و أيضاً ربما تكون قد رأيتها فى أى مجلة ، و هى عبارة عن كلمة أو صورة تجدها خلف الكلام الذى تقرأه دون أن تؤثر على رؤيتك له ، كما تراها واضحة فى هذا الكتاب .... و إذا أردت أن تصنع لك واحدة فى ملف فعليك أولاً أن تقف فى أى مكان بالملف ، ثم تنقر على أداة Water Mark لنسدل لك القائمة الموضحة بالشكل رقم ٦٧ :-

شكل٦٧

و الآن قم بالتنقل من خلال Scroll Bar لترى بقية الأشكال التى يمنحك إياها وورد ٢٠٠٧ ، عند النقر على أياً من هذه الأشكال بزر الفأرة الأيسر سوف تجدها موجودة فى خلفية صفحات ملفك كلها، هناك اختيارين موضوعين داخل دائرة فى نهاية قائمة أشكال العلامة المائية ... أولهم هو Custom Watermark ، و هو لتقوم أنت بنفسك بعمل علامة مائية خاصة بك .. و الآن.. أنقر عليه ليظهر لك مربع الحوار الموضح بالشكل رقم ٦٨ :-

شكل٦٨

أما الاختيار الثانى فهو Remove Watermark و يستخدم لحذف العلامة المائية ..

٢– لون الصفحة Page Color -:

و هو يستخدم لتغيير لون خلفية الصفحة ، لذا عند النقر عليه تنفتح لك قائمة بالألوان التى يمكنك استخدامها كما هى موضحة بالشكل رقم ٦٩ :-

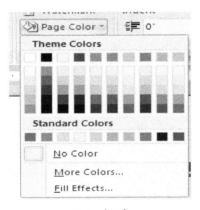

شكل٦٩

لاحظ أنك إذا قمت بالمرور فوق هذه الألوان بالفأرة دون النقر على أى منهم سوف يريك الوورد شكل الصفحة بهذا اللون ....، كما تلاحظ أيضاً وجود ثلاثة اختيارات فى نهاية القائمة ... أولهم هو No Color و هو يستخدم لإزالة اللون من الصفحة فتعود الصفحة

إلى لونها الطبيعى و هو الأبيض... الثانى هو More Colorsوعند النقر عليه يظهر لك مربع حوار يحتوى على بعض الألوان الإضافية لتختار منها ما تريد الثالث فهو Fill Effects و يستخدم لإضفاء بعض التأثيرات على صفحتك .

٣- وضع برواز للصفحة Page Borders -:

إن تلك الخاصية كانت موجودة سابقاً فى وورد ٢٠٠٣ ، فقد كنت تجدها عندما تفتح القائمة Format و تختار منها Borders and Shading ثم تنقر على التبويب Page Border...... فى وورد ٢٠٠٧ يمكنك الحصول على نفس مربع الحوار بالنقر على أداة Page Borders فى مربع حوار Page Background،فى تبويب Page Layout ليظهر لك نفس مربع الحوار كما هو موضح بالشكل رقم ٧٠:-

شكل ٧٠

كما هو موضح داخل الشكل فإن النقر على زر Option سوف يفتح لك مربع حوار بإسم Borders and Shading Options ، كما هو موضح بالشكل رقم ٧١:-

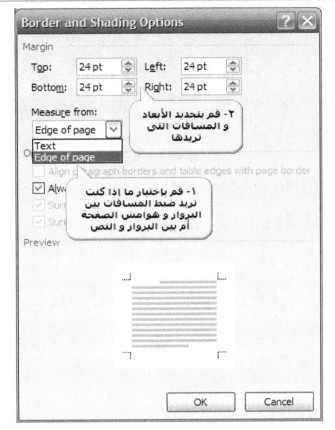

<u>شكل ٧١</u>

بعد أن تقوم بضبط مسافاتك أنقر Ok، ثم سيظهر لك مربع الحوار الموضح بالشكل رقم ٧٠ فأنقر Ok أيضاً...

الفصل الخامس
The Header and Footer

يمكن ترجمتهم بالهامش العلوي و الهامش السفلى ، لعلك رأيتهم فى ورقة خاصة بإحدى الشركات .....حيث تجد الشركة تضع أسمها باللغتين العربية و الإنجليزية و أيضاً رمزها الخاص (Logo) فى الهامش العلوي ، ثم تجد فى الهامش السفلى العنوان و أرقام التليفونات و الفاكس ....و كذلك يمكن أن تكون قد رأيتهما فى كتاب ، حيث تجد فى الهامش العلوي فى كل صفحة أسم الكتاب و أسم الفصل و أحياناً رقم الصفحة حيث أنه يمكن أن يكون فى الهامش العلوي أو السفلى ، ثم تجد فى الهامش السفلى حواشي الكتاب التى تخبرك بالمصادر الأصلية للمعلومات .... و نحن فى هذا الجزء سوف نتعلم معاً كيفية صنع تلك الهوامش و الكتابة فيها ...فى وورد ٢٠٠٣ كنت تجد Header and Footer فى قائمة View أما الآن فقد وضعها وورد ٢٠٠٧ فى التبويب Insert مع إضافة بعض الإمكانيات الجديدة .... للبدء فى العمل فى هذا الجزء أفتح التبويب View ثم أختر Print Layout View من مربع حوار Document Views أو Print Preview حيث أن Header & Footer لا يعملا فى وضع Full Screen Reading ثم أفتح التبويب Insert و أتجه إلى مربع حوار Header & Footer الموضح بالشكل رقم ٧٢ :-

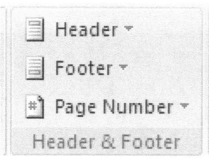

شكل ٧٢

سوف تلاحظ أن كلمتى Header و Footer يوجد إلى جوارهما سهمين صغيرين عند النقر على أياً منهما سوف تنسدل لك قائمة تحتوى على الاختيارات المتاحة لك فى شكلهما كما هو

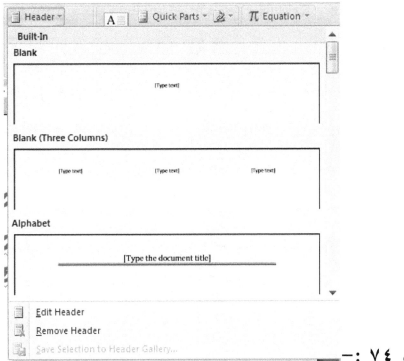

موضح فى الأشكال رقم ٧٣ ، ٧٤ :-

<u>شكل٧٣</u>

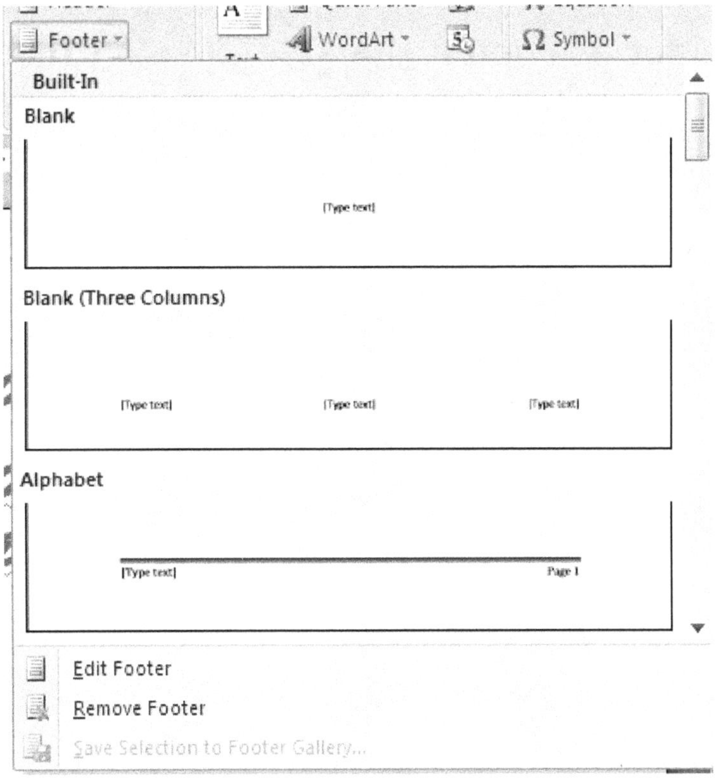

<u>شكل ٧٤</u>

** يمكنك التنقل خلال أياً من القائمتين من خلال **Scroll Bar** الموجود على يسار كل قائمة للتعرف على الأشكال المختلفة لكل من **Header & Footer** ، و اختيار النوع الذى يناسبك منهم .... و الآن لنختر النوع الأول **Blank** كما هو موضح فى القائمتين السابقتين من قائمتي **Header & Footer** ... ، كما يمكنك أيضاً النقر على إختيارى **Edit Header** أو **Edit Footer** لظهورهما على صفحة العمل...، ماذا تلاحظ ؟؟؟

سوف تلاحظ ظهور تبويب جديد يحتوى على أوامر جديدة لم يكن موجوداً من قبل على الـ **Ribbon** ، و لو رجعت إلى الفصل الأول فى الجزء الخاص التبويبات فقد ذكرنا فيه أن هناك تبويبات لا تظهر إلا عند الحاجة إليها، أنظر الشكل رقم ٧٥ لترى شكل التبويب الجديد :–

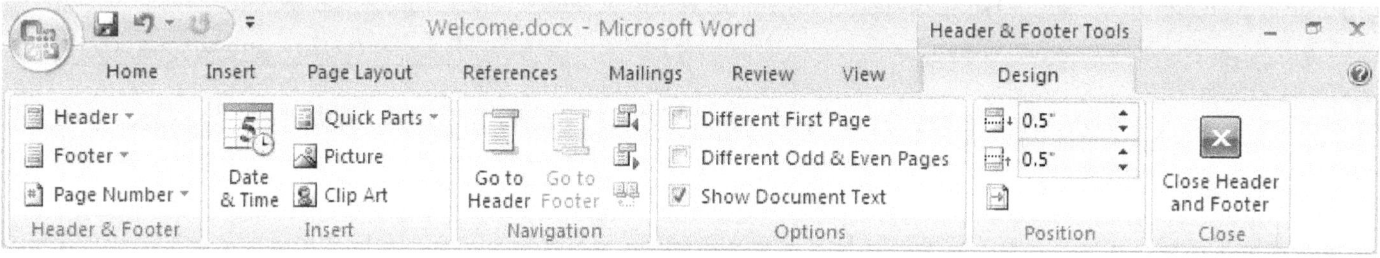

شكل ٧٥

و سوف تلاحظ أيضاً ظهور كلاً من **Header** و **Footer** على صفحة العمل بهذا الشكل رقم ٧٦ :-

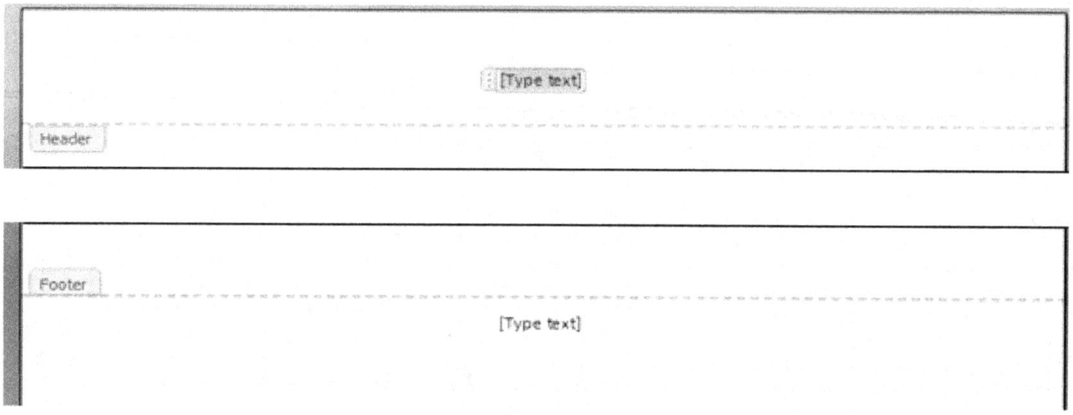

شكل ٧٦

لاحظ أنك أثناء عملك إذا أردت أن يظل هذا التبويب نشطاً لا تنقر بالفأرة على أى جزء من أجزاء الصفحة العادية ، حيث أنك إن فعلت ذلك سوف يختفى هذا التبويب ، و إن حدث ذلك و أردت أن تقوم بتنشيط هذا التبويب ثانية فما عليك سوى أن تنقر نقرتين بزر الفأرة الأيسر **Double-Click** على **Header** أو **Footer** لتقوم بتنشيط التبويب **Design**

الخاص بهم ثانية ....و لتفادى هذا الخطأ يمكنك استخدام مربع الحوار Navigation حيث تلاحظ فيه وجود أمران Go to Header و Go to Footer اللذان وجدا لتسهيل التنقل بينهما ، حيث ستلاحظ عندما تقف فى Header أن الأمر Go to Footer هو الأمر النشط و العكس صحيح ، و كذلك يمكنك استخدام الاختيار الثالث و الأخير فى مربع الحوار Options و هو Show Document Text فعندما تضع عليه علامة صح سوف يظهر أمامك بقية الملف بما يحتويه من أجزاء و قطع كلامية ، بينما لو لم تضع أمامه علامة صح فلن يظهر أمامك سوى Header & Footer فقط وذلك حتى لا يتشتت تركيزك و تفكيرك ....

١- مربع الحوار *Options* -:

يحتوى على ثلاثة أوامر كما ترى بالشكل رقم ٧٧.........

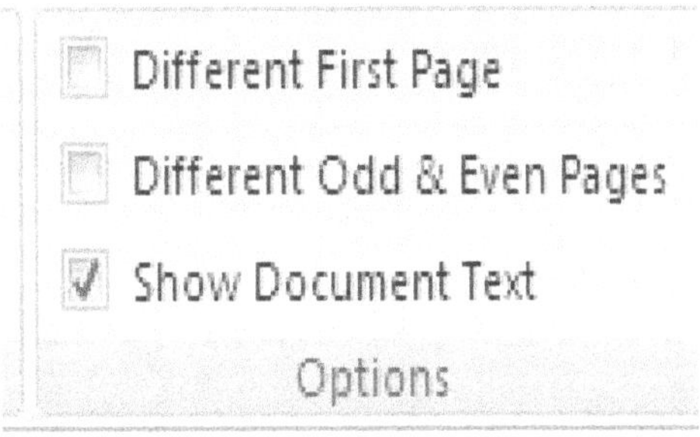

شكل ٧٧

أولهم هو Different First Page و معناه وجود اختلاف فى الـ Header و الـ Footer الخاصين بالصفحة الأولى ، و يستخدم هذا الأمر إذا كنت تكتب كتاباً مثلاً أو أى ملف طويل ، ففى بعض الكتب تلاحظ أن الصفحة الأولى لا تحتوى على رقماً للصفحة بل على إسم الكتاب و أسم الفصل ، لذا فعند تنشيط هذا الأمر سوف تلاحظ إن كلمتى Header و Footer الذين رأيتهما فى أول و آخر الصفحة كما هما موضحين بالشكلين السابقين سوف يتحولا إلى:-

First Page Header و First Page Footer فى الصفحة الأولى بينما ستبقى نفس الكلمتان فى الصفحات التالية، وعند الانتهاء من تصميمهما لن تجد ما صممته مكرراً فى بقية صفحات الملف،بل سيكون عليك تصميم شكلاً آخر لبقية الصفحات ...،الأمر الثانى هو

Different Odd & Even Pages و معناه هو أن تجعل Headers & Footers فى الصفحات ذات الأرقام الفردية مختلفة عن مثيلاتها فى الصفحات ذات الأرقام الزوجية فمثلاً إذا كنت تكتب كتاباً يمكنك أن تجعل أسم الكتاب و أسم الكاتب فى الصفحة الفردية،بينما فى الصفحة الزوجية تكتب أسم الفصل ....،و عند اختيار و تنشيط هذا الأمر سوف تلاحظ أن كلمتى Header و Footer الذين رأيتهما فى أول و آخر الصفحة سوف يتحولا إلى Odd Page Header & Odd Page Footer و Even Page Header & Even Page Footer ، الأمر الثالث Show Document Text تم الحديث عنه فى أول هذا الفصل ......

** لعلك لاحظت بعد شرح مربع الحوار هذا أنك يمكنك أن تحصل على ملف ذو صفحات مختلفة فى هوامشها العلوية و السفلية .

٢– مربع الحوار Navigation –:

سبق الحديث عن الأمرين Go to Header و Go to Footer فى بداية هذا الفصل ....

الثلاثة أوامر الأخرى هى على الترتيب من أعلى لأسفل :–

شكل ٧٨

١– Show Previous و يعنى (أظهر السابق):–

و هو لينقلك إلى الـ Header السابق أو الـ Footer السابق .. فلنجرب معاً ..
إذا وقفت على Header أو Footer الصفحة الأولى و نقرت على هذا الأمر لن يحدث شيئاً !!! ، و لا تتعجب من ذلك ...... حيث أنها الصفحة الأولى فلا يوجد ما يسبقها ....

و لكن إذا وقفت على Header الصفحة الثانية و نقرت على هذا الأمر فسوف ينقلك إلى Header الصفحة الأولى، و إذا وقفت على Footer الصفحة الثانية و نقرت على هذا الأمر فسوف ينقلك إلى Footer الصفحة الأولى ....

و من هذه التجربة نعرف أن هذا الأمر ينقلك بين الـHeaders والـFootersالخاصة بالملف ولكن من واحد إلى سابقه...

٢- Show Next و يعنى (أظهر التالى) :-

و هو عكس الأمر السابق ....

فإذا وقفت على Header الصفحة الأولى و نقرت على هذا الأمر فسوف ينقلك إلى Header الصفحة الثانية ،

و إذا وقفت على Footer الصفحة الأولى و نقرت على هذا الأمر فسوف ينقلك إلى Footer الصفحة الثانية ....

و من هذه التجربة نعرف أن هذا الأمر ينقلك بين الـ Headers و الـ Footers الخاصة بالملف و لكن من واحد إلى الذى يليه ...

٣- Link To Previous :-

تتضح فائدة هذا الأمر عندما تقوم بعمل ملف ذو صفحات مختلفة فى هوامشها العلوية و السفلية مثلما شرحنا فى مربع الحوار السابق Options .

٣- *مربع الحوار Position* :-

Headers & Footers يقعان فى منطقة هوامش الصفحة Margins ، و هذه المنطقة هى المنطقة التى تقع بين حافة الصفحة و منطقة العمل ، كما يجب عليك أن تعرف أن أى طابعة لها حدود معين لا تطبع فيها تسمى (Nonprintable Area) حول الصفحة .... لذا يجب عليك مراعاة و ضبط المسافات بين الحد العلوي للصفحة و كذلك الحد العلوي لـ Header ، و أيضاً الحد السفلى للصفحة و الحد السفلى لـ Footer ....

للقيام بهذه العملية يجب عليك استخدام الأمرين الموجودين فى أعلى مربع الحوار الموضح بالشكل رقم ٧٩ :-

<u>شكل ٧٩</u>

و لتقلق فإذا قمت بوضعهما فى الحدود التى لا تطبعها الطابعة فسوف يقوم الوورد بتحذيرك من ذلك ، و إذا حدث هذا قم بزيادة الأرقام الموضحة أمامك حتى تصل للحد المطلوب و الذى يناسب طابعتك ثم ثبته فى كل ملفاتك .... ،

أما الزر الثالث فهو يسمى **Insert Alignment Tab**،وعند النقر عليه يظهر لنا مربع الحوار الموضح بالشكل رقم ٨٠:-

<u>شكل ٨٠</u>

الذى يستخدم فى تحديد تنسيق الكلام الموجود بداخل الـ Header و الـ Footer و أيضاً اتجاهاته .

<u>إدراج بعض الكائنات فى Headers and Footers :-</u>

من المهم إن تعرف أنك يمكنك إدراج العديد من الأشياء و الكائنات فى Headers & Footers بخلالساعة.لمؤلف و أسم الفصل و ما إلى ذلك ......، حيث يمكنك إدراج أرقام الصفحات و كذلك بعض الصور و العلامات المائية و أيضاً التاريخ و الساعة........

<u>١- إدراج أرقام الصفحات Page Numbers:-</u>

لإدراج أرقام الصفحات قم بفتح التبويب Insert ، ثم أذهب لمربع حوار Headers & Footers (أنظر الشكل الأول فى هذا الفصل) و أنقر على الزر الأخير Page Number لتنسدل لك القائمة الموضحة الموضحة بالشكل رقم ٨١ :-

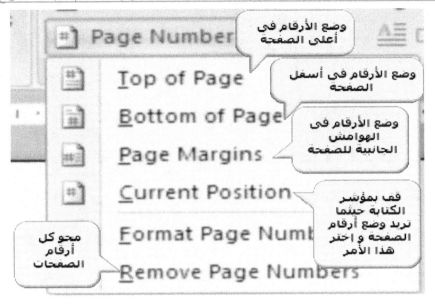

شكل ٨١

من المعروف أن وضع أرقام الصفحة فى الأسفل هو الوضع الأكثر شيوعاً ، و لكن فى بعض الأحيان يكون وضعهم بأعلى أو فى الجوانب هو الأكثر إفادة .

** لاحظ أن هناك سهم فى الجانب الأيمن لكل من الأوامر الأربعة الأولى ، إذا نقرت على أي منهم سوف تنسدل لك قائمة توضح لك الأشكال المتاحة لأرقام الصفحة فى هذا الوضع .... أنظر الشكل رقم ٨٢ :-

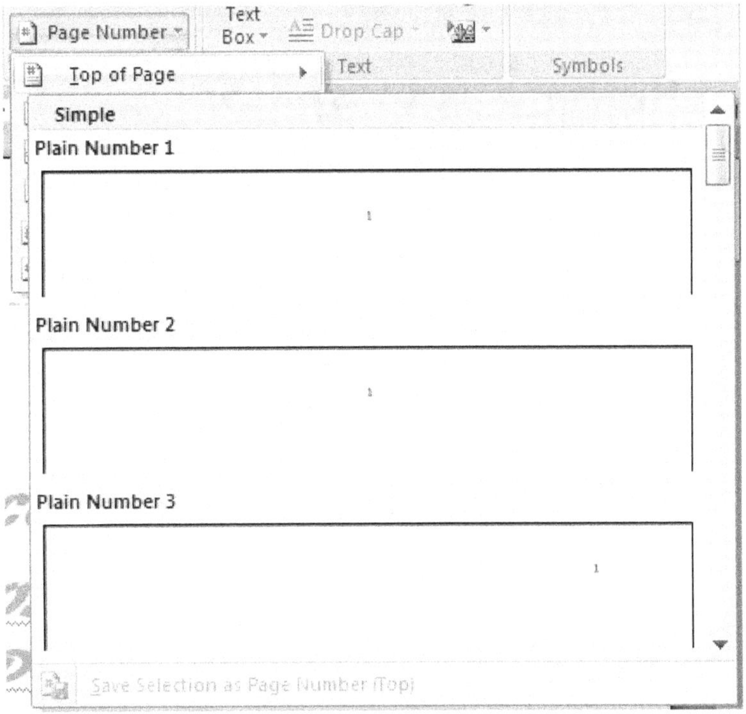

شكل ٨٢

** بالنسبة للأمر قبل الأخير Format Page Number عند النقر عليه يظهر لك مربع حوار وظيفته اختيار شكل الترقيم ..... ، أنظر الشكل رقم ٨٣ :-

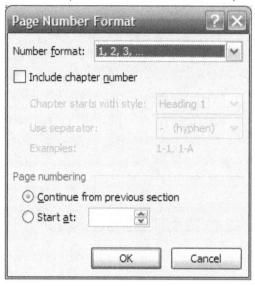

<u>شكل٨٣</u>

و مربع الحوار هذا كنت تحصل عليه فى وورد ٢٠٠٣ من خلال اختيار الأمر Page Numbers من القائمة Insert ، حيث كان يظهر لك مربع حوار آخر يسألك عن مكان الأرقام و محاذاتها ، ثم تنقر منه على زر Format ليظهر لك مربع الحوار الموضح بالشكل رقم ٨٣ .

<u>٢- إدراج بعض الكائنات عن طريق مربع حوار Insert:-</u>

لاحظ أننا الآن نتحدث عن مربع الحوار Insert الموجود فى التبويب Header & Footer الموضح بالشكل رقم ٨٤ ، و أن عليك التمييز بينه و بين التبويب Insert الموجود بشكل أساسي فى واجهة برنامج الوورد ٢٠٠٧ ...

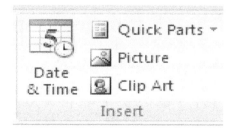

<u>شكل٨٤</u>

١ – الأداة *Date & Time*-:

عند النقر عليها يظهر لك مربع الحوار الموضح بالشكل رقم ٨٥ :-

شكل ٨٥

٢ – الأداة *Quick Parts* : -

عند النقر على السهم الصغير الموجود بجوارها تنسدل لك القائمة الموضحة بالشكل رقم ٨٦ -:

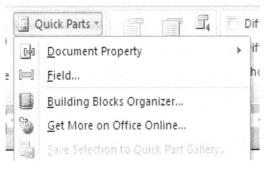

شكل ٨٦

الاختيار الأول فيها Document Property يوجد سهم فى آخره إذا نقرت عليه سوف تنفتح لك قائمة تحتوى على الأشياء العادية التى يمكنك إدراجها فى & Header Footer مثل أسم المؤلف أو أسم الشركة و عنوانها و رقم التليفون و البريد الإلكترونى و أية تعليقات و ما إلى ذلك ...... ، أنظر معى فى الشكل رقم ٨٧ :-

شكل٨٧

الاختيار الثانى Field عند النقر عليه ينفتح لك مربع الحوار الموضح بالشكل رقم ٨٨ :-

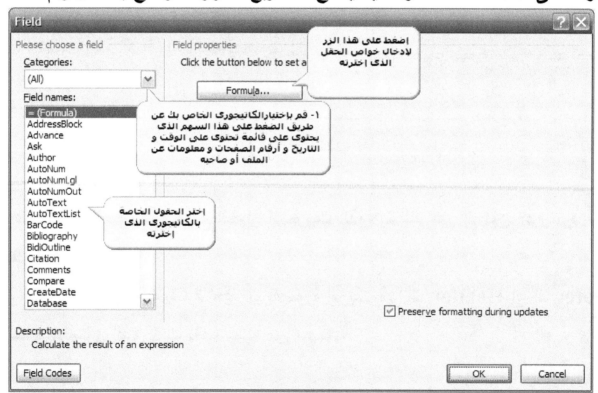

شكل ٨٨

الاختيار الثالث Building Blocks Organizer عند اختياره ينفتح لك مربع الحوار الموضح بالشكل رقم ٨٩ :-

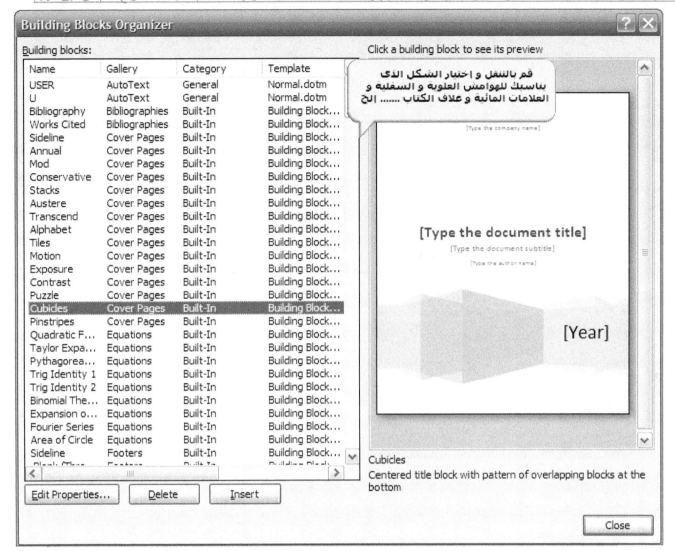

شكل٨٩

٣- الأداة *Picture*:-

عند النقر عليها ينفتح مربع الحوار المعروف الذى يسألك عن المكان الذى تود أن تدرج صورتك منه ،

و عندما تفعل ذلك سوف تلاحظ أن الصورة أدرجت فى الـ Header أو الـ Footer على حسب المكان الذى كنت تقف عليه من أيهما.

٤ – الأداة *Clip Art* :-

هى مثل الأداة السابقة تستخدم لإدراج صورة من Clip Art Gallery إلى الـ Header أو الـ Footer .

** الآن أنت قد انتهيت من تعليم كيفية عمل هوامش علوية و سفلية للصفحة ....

قم الآن بتجربة كل ما تعلمته بنفسك ....،

و صمم لنفسك شكلاً خاصاً تتميز به كل ملفاتك عن غيرها ....

مربع الحوار *Themes*

** الآن أنت قد تعلمت كل ما يخص التنسيقات فى الإصدار الجديد للوورد ......

و لكن يبقى شىء واحد صغير جداً لتتعلمه ....

.... هو استخدام مربع الحوار *Themes* الموجود فى التبويب Page Layout

و هو يستخدم للتحكم فى الكائنات المدرجة فى ملف الوورد مثل الجداول و الأشكال الهندسية

و أيضاً Headers & Footers و ما إلى ذلك من حيث نوع الخط المستخدم بها و الألوان

و التأثيرات مثل وضع الظل و المتوهجات ..... الخ، لذا فأنت تراه كما هو موضح بالشكل رقم

٩٠ :-

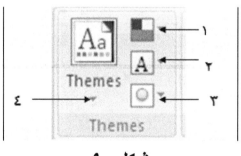

شكل ٩٠

يحتوى على أربعة أدوات ....

١- Themes Color :-

عند فتحها سوف تنسدل منها قائمة بالألوان يمكنك التنقل فوقها بالفأرة لاختيار الألوان المناسبة لتستخدم فى الجداول و أشكال لجرا فيك و أيضاً بعض العناصر الأخرى التى يحتوى عليها الملف مثل Headers & Footers .

٢- Themes Fonts :-

و هى تستخدم للتحكم فى الخطوط المستخدمة لكتابة العناوين الرئيسية التى يحتوى عليها الملف .

٣– Themes Effects :–

و هى تتحكم فى التأثيرات المستخدمة فى العناصر التى يحتوى عليها الملف مثل الجداول و الصور ، و هذه التأثيرات مثل إضافة الظلال أو التوهجات .

٤– Themes Button :–

أنقر على هذا الزر لتنسدل لك قائمة بالأشكال المختلفة كما هى موضحة بالشكل رقم ٩١ :– قم بالتنقل بزر الفأرة فوقها لاختيار الشكل الذى يناسبك ....

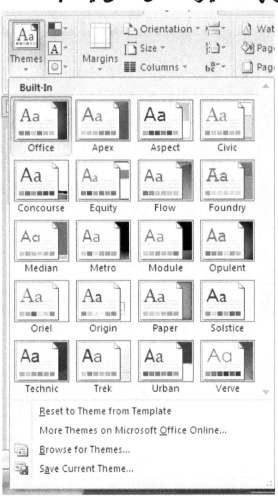

شكل ٩١

** ملحوظة:–

إذا كنت تريد تغيير الـ Themes الخاص بملف معين قم باختيار الخطوط و الألوان والتأثيرات من الأدوات السابقة ،

ثم أنقر على الزر Themes Button و أختر من قائمته ما تريد.........،

ثم أنقر على الأمر Save Current Theme ، و ذلك ليكون لك الـ Theme الخاص بك لتستخدمه فى أى ملف تريده دون أن تقوم بتغيير الـ Theme الخاص بالبرنامج كله .

** و الآن ... بعد أن إنتهيت من دراسة كل ما يتعلق بالتنسيق فى برنامج Word 2007 ، سوف ننتقل لنتعلم شيئاً جديداً ....

الفصل السادس

إعداد و تنسيق الجداول Tables على Word 2007

من المعروف أن استخدام الجداول على برنامج الوورد ليس بالشيء الجديد ، حيث يعلم جيداً كل مستخدمى إصدارات الوورد السابقة أننا كنا نصنع الجدول من خلال القائمة Table التى كانت موجودة فى شريط القوائم Menu Bar ......

و التى كنت من خلالها تستطيع إدراج جدول أو حذفه و كذلك إدراج الصفوف و الأعمدة أو حذفهم و أيضاً تنسيق الكلام الموجود بداخله ، كما كان يمكنك رسم جدول بيديك .... أما الآن فقد أختلف الوضع ، حيث أصبح الآن يمكنك إيجاد مربع الحوار Table فى التبويب Insert ، و الذى يحتوى على كل الأدوات المطلوبة لإدراج جدول و تنسيقه ،....

و فى هذا الجزء سوف نتعلم معاً كل المهارات المطلوبة لتقوم بإعداد الجداول التى تناسبك ..، لنبدأ الآن :-

أسرع طريقة لإدراج جدول :-

إن أسرع الطرق لإدراج جدول فى ملفك هى استخدام النماذج الجاهزة المعدة بالفعل فى داخل برنامج الوورد .....لكى ترى هذه النماذج و تستعرضها كلها لتختار منها ما تريد أنقر على التبويب Insert ، ثم أفتح مربع الحوار Tables عن طريق النقر على السهم الصغير فتنفتح لك قائمة ، أختر الأمر الأخير فيها Quick Tables لتنفتح لك قائمة تحتوى على أشكال عديدة لنماذج الجداول .... (أنظر الشكل رقم ٩٢) ....

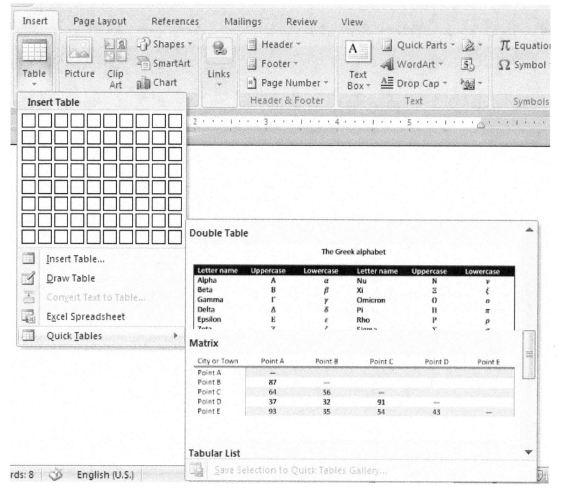

شكل ٩٢

قم باستخدام الأسهم و كذلك الـ **Scroll Bar** الموجودين فى يمين القائمة لاستعراض كل أشكال الجداول ...،ثم إختر منها ما يناسبك ..و بعد ذلك يمكنك تنسيقه كما تريد و كما يناسبك ....و ذلك عن طريق حذف صفوف و أعمدة منه ، أو إدراج صفوف و أعمدة فيه ...

طرق أخرى لإدراج الجداول :-

الآن سوف نشرح أربعة طرق أخرى لإدراج الجداول... تتميز هذه الطرق بأنها أكثر دقة حيث يمكنك فيها تحديد عدد الصفوف و الأعمدة و الخلايا التى تريدها .... ، لنستعرضها معاً :-

الطريقة الأولى :-

كما لاحظت عندما فتحت مربع الحوار **Table** فى التبويب **Insert** أنه انفتحت قائمة كان يوجد بأعلاها شكل لبعض المربعات ... هذه المربعات ليست مربعات عادية و إنما هى

خلايا لجدول .... قم معى بتمرير سهم الفأرة فوق هذه المربعات و أختر عدد الخلايا والصفوف و الأعمدة التى تريدها ....

و ليكن جدول مقاسه ٤ X ٤ ، أى أربعة أعمدة و أربعة صفوف ، كل منهم يتكون من أربع خلايا ....

أنظر معى الشكل رقم ٩٣ :-

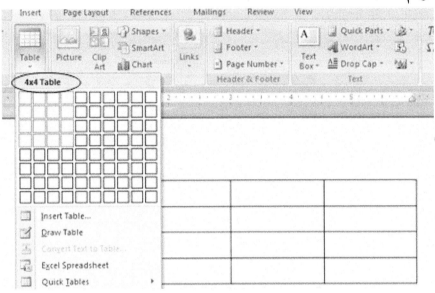

شكل ٩٣

لاحظ معى أنك كنت كلما تمر بالفأرة فوق أى خلية كنت تالخلايا . ترسم على الصفحة ، و أيضاً أنك عندما انتهيت من تحديد ما تريده من صفوف و أعمدة و جدتها مرسومة على صفحتك ....، هذا بالإضافة إلى أن مقاس الجدول مكتوب أعلى قائمة الخلايا ...كما تراه فى الشكل رقم ٩٣ موضوع حوله دائرة ....

الطريقة الثانية :-

هى تشبه الطريقة التى اعتدنا عليها فى وورد ٢٠٠٣ ....

و هى عبارة عن أن تفتح القائمة Table من مربع الحوار Tables الموجود فى التبويب Insert ، و أختر أول اختيار أسفل قائمة الخلايا السابق شرحها و هو Insert Table ......لينفتح لك مربع الحوار الموضح بالشكل رقم ٩٤ :-

شكل ٩٤

لاحظ فى مربع الحوار هذا أن الخطوة الثانية تعتمد على الاختيار من المجموعة المدرجة تحت عنوان AutoFit behavior التى تحتوى على ثلاثة خيارات:-

الخيار الأول Fixed column width يستخدم لجعل مقاسات كل الأعمدة ثابتة إلا إذا قمت أنت بتغيير مقاس العمود بالسحب أو بأي طريقة أخرى ، و تستفيد من هذه الطريقة فى أنك إذا قمت بتغيير مقاسات الأعمدة فى جدول ثم قمت بإدراج جدول آخر لن تجده بمقاسات الجدول الذى قمت أنت بتعديل مقاساته ، لاحظ أن كلمة Fixed تعنى ثابت و ليس متساوي لذا من المحتمل إن تكون مقاسات الأعمدة متساوية أو غير متساوية .

الخيار الثانى AutoFit to contents يستخدم لجعل مقاسات الجدول ملائمة لكمية وحجم البيانات المدرجة داخل الجدول لذا تجده يكبر عند إضافتك لأية بيانات داخله و يصغر عند حذف و إزالة البيانات منه .

الخيار الثالث AutoFit to window كان من الأفضل لو يسمى AutoFit to Left and Right Margins لأنه يستخدم لجعل عرض الجدول مرتبطاً بالهوامش اليمنى و اليسرى للصفحة ، فتلاحظ عند إدراج الجدول أنه يكون بعرض الصفحة كلها حتى لو كان يتكون من خانتين فقط ، و كذلك تلاحظ أنه يصغر إذا قمت أنت بتكبير مساحة هوامش الصفحة اليمنى و اليسرى .

** ملحوظة لمستخدمى وورد ٢٠٠٣ :-

يختلف مربع الحوار Insert Table فى وورد ٢٠٠٣ عن نفس مربع الحوار فى وورد ٢٠٠٧ فى أن مربع الحوار فى وورد ٢٠٠٣ كان يحتوى على الأمر Auto Format الذى كنت تحصل عن طريقه على النماذج المدرجة فى الوورد ... و لم يعد موجوداً هذا الأمر فى نفس مربع الحوار فى الإصدار ٢٠٠٧ لأن تلك النماذج أصبحت تحصل عليها بشكل أسهل و أسرع كما سبق و شرحنا فى بداية هذا الفصل تحت عنوان(أسرع طريقة لإدراج جدول) .

الطريقة الثالثة :-

و هى عبارة عن اختيار الأمر الثانى فى القائمة Table الموجودة فى مربع الحوار Tables الموجود فى التبويب Insert ، و هذا الأمر الثانى هو Draw Table ، و هذا الأمر ليس بجديد حيث كان هو الأمر الأول فى القائمة Table الموجودة فى شريط القوائم فى وورد ٢٠٠٣ ....و عندما تستخدمها تظهر لك علامة تشبه القلم الرصاص بدلاً من مؤشر الفأرة لتستخدمه فى رسم الجدول .....قم بسحب القلم لرسم أول صف و الذى سوف يكون عبارة عن مستطيل فارغ ، ثم قم بتقسيمه لعدد الأعمدة التى تريدها ..

و الآن بعد أن قمت بإدراج الجدول سوف تلاحظ ظهور تبويب جديد بإسم Table Tools يندرج منه تبويبان هما :- Design , Layout و اللذان يحتويان على أدوات تنسيق الجدول ، أنظر الشكل رقم ٩٥ :-

شكل ٩٥

يمكنك استخدام مربع الحوار الأخير فيه Draw Borders الموضح بالشكل رقم ٩٦ لتعديل شكل الجدول من حيث عدد أعمدته وصفوفه و ما إلى ذلك...

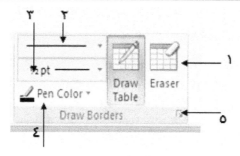

شكل ٩٦

الأداة رقم ١ (Eraser) :-

التى تشبه الأستيكة لمحو أى خط قمت برسمه و لم يعجبك ،لاستخدامها أنقر عليها نقرة واحدة بزر الفأرة الأيسر ، ثم ستلاحظ ظهورها على الصفحة ، أنقر بها على أى خط لا تريده و سوف تلاحظ اختفاؤه ، ثم قم بالنقر عليها مرة أخرى لينتهي تفعيلها .

الأداة رقم ٢ (Line Style) :-

التى إذا قمت بفتح قائمتها سوف تجد أنها تحتوى على أشكال عديدة للخطوط يمكنك أن تختار منها ما يناسبك ليصبح شكلاً لخطوط جدولك ، أنقر على السهم لتنسدل لك قائمة بالأشكال المتاحة ....

الأداة رقم ٣ (Line Weight) :-

فيمكنك استخدامها لتحديد عرض و مقاس الخط ، أنقر السهم أيضاً ....

الأداة رقم ٤ (Pen Color) :-

التى تستخدم لتحديد لون هوامش الجدول ، أنقر على السهم لتنسدل لك قائمة بالألوان المتاحة لك ....

الأداة رقم ٥ :-

فهى عبارة عن السهم الذى إذا نقرت عليه بالفأرة سوف يفتح لك مربع الحوار Borders and Shading القديم الذى اعتدت على الحصول عليه من القائمة Format و اختيار الأمر Borders and Shading ، و سوف تجده مفتوحاً على التبويب Borders لتختار شكل الخط و لونه و مقاسه دون الحاجة إلى الأدوات سالفة الذكر .

** الأداة Draw Table هى نفسها الأمر Draw Table الموجود فى مربع الحوار Table فى التبويب Insert ،

حتى أنك إذا قمت بتفعيل أياً منهما سوف تلاحظ أن الآخر قد تم تفعيله تلقائياً .

الطريقة الرابعة:-

استخدام الأمر Convert Text To Table الموجود فى القائمة Table فى التبويب Insert ..... و هذه الطريقة هى عكس ما تعودنا عليه تماماً ...!!! ، حيث أننا اعتدنا على رسم الجدول أولاً ثم مليء خلاياه بالبيانات...

بينما هذه الطريقة هى أن تكون قد كتبت بياناتك أولاً ثم رأيت أنها تحتاج لجدول ، فبدلاً من أن تقوم برسم الجدول ثم تأخذ البيانات إليه بطريقة القص و اللصق (Cut & Paste) يمكنك استخدام تلك الطريقة ....،

و هى أن تقوم بالتحديد على تلك البيانات ثم تنقر على الأمر Convert Text To Table أى " تحويل النص إلى جدول " ، و عندما تفعل ذلك يظهر لك مربع الحوار الموضح بالشكل رقم ٩٧ :-

شكل٩٧

التحكم فى مقاسات الجدول عن طريق أعمدته و صفوفه :-

قم بإدراج جدول يتكون من ثلاثة صفوف و ثلاثة أعمدة.........، بحيث يصبح كالشكل رقم ٩٨ :-

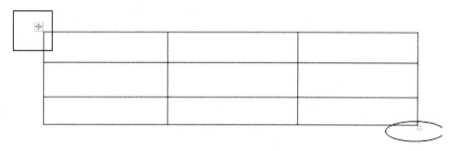

شكل٩٨

العلامة الموجودة فى أقصى يسار الجدول و التى تمثل سهمين متقاطعين كل منهم ذو رأسين الموجودة داخل مربع هى المسئولة عن التحكم فى موقع الجدول فى الصفحة .....فإذا وقفت عليها بالفأرة سوف تلاحظ تحول مؤشر الفأرة إلى نفس الشكل ، و فى هذه اللحظة قم بسحب الجدول إلى أى موقع تريده فى الصفحة ، و سوف تلاحظ انتقال الجدول معك ،

أما العلامة الأخرى الموضوعة داخل دائرة و التى تمثل شكل مربع فعند الوقوف عليها سوف تلاحظ تغير شكل مؤشر الفأرة حيث أصبح عبارة عن خطين متقاطعين ، قم بسحبها لأعلى أو لأسفل لتلاحظ تغير حجم الجدول ...

هذه الطرق هى طرق للتحكم فى حجم الجدول كله...،ولكن سوف نرى الآن طرق أخرى للتحكم فى حجم العمود أو الصف

لتغيير حجم العمود قم بوضع مؤشر الفأرة على أياً من ضلعيه الرأسيين حتى يأخذ مؤشر الفأرة شكل السهم ذو الرأسين ثم قم بسحبه يميناً أو يساراً لتكبير حجمه أو تصغيره ، و إذا أردت أن يكون هذا التكبير أو التصغير وفقاً لمقاسات معينة فقم بالضغط على الزر Alt أثناء السحب لتلاحظ مدى الزيادة أو النقصان على المسطرة الأفقية،أنظر الشكل رقم ٩٩ :-

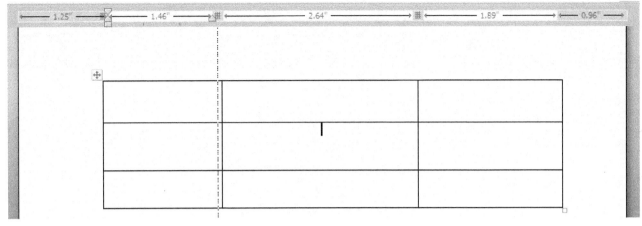

شكل ٩٩

أما إذا أردت تغيير حجم الصف فقف على أياً من ضلعيه الأفقيين حتى يأخذ مؤشر الفأرة شكل السهم ذو الرأسين ثم قم بسحبه لأعلى أو لأسفل لتكبير حجمه أو تصغيره ، و إذا أردت أن يكون هذا التغيير وفقاً لمقاسات معينة فقم بالضغط على الزر Alt أثناء السحب لتلاحظ مدى الزيادة أو النقصان على المسطرة الرأسية ...... أنظر الشكل رقم ١٠٠ :-

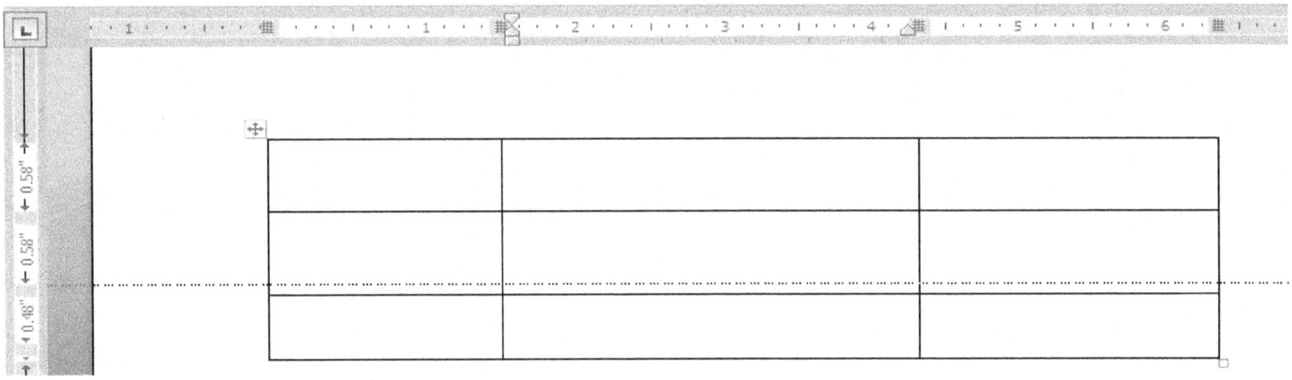

شكل ١٠٠

** و لا تنسى أثناء القيام بالتغيير أنك إذا لم يعجبك هذا التغيير هناك صديق دائم لك يمكنه أن يخلصك من هذا الموقف و هو Undo أو Ctrl + Z ...... و ذلك للتراجع عن الأمر السابق .

<u>التحديد على الجدول كله أو على صف أو على عمود :-</u>

لقد تعلمنا سابقاً أنك إذا أردت أن تقوم بتطبيق بعض التنسيق والتعديلات على أى كلمة أو Paragraph أو كائن فى برنامج الوورد أنك يجب عليك أن تقوم باختياره و التحديد عليه أولاً...،وقد تعلمنا و ذكرنا فى كل الفصول السابقة كيفية تحديد(Select)أى شىء كنا نتحدث عنه...،والآن سوف نتعلم سوياً كيفية التحديد على الجدول كله أعمود أوصف فيه ...

٨٥

أولاً : التحديد على الجدول كله :-

يوجد عدة طرق يمكنك أن تستخدمها للتحديد على الجدول كله منها :-

* عن طريق مربع الحوار Table فى التبويب Layout .... أتبع الخطوات التالية .....

١- قم بالوقوف فى أى خلية من خلايا الجدول حتى تظهر التبويبات الخاصة بتنسيقه (Design , Layout) .

٢- أفتح التبويب Layout ثم أنظر إلى مربع الحوار Table فى يسار التبويب الموضح بالشكل رقم ١٠١ :-

شكل ١٠١

٣- أنقر على الاختيار الأول Select لتنفتح لك القائمة الموضحة بالشكل رقم ١٠٢ :-

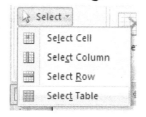

شكل ١٠٢

...... قم بالنقر على الاختيار الأخير Select Table

** عن طريق لوحة المفاتيح :-

١- إذا كان الزر Num Lock نشطاً .. قف فى أى من خلايا الجدول ثم إضغط على الأزرار (Alt + Shift + 5) فى لوحة الأرقام .

٢- إذا كان الزر Num Lock غير نشط .. قف فى أى من خلايا الجدول ثم أضغط على الأزرار (Alt + 5) فى لوحة الأرقام .

هناك طريقة أخرى باستخدام لوحة المفاتيح :-

١- قف فى أول خانة فى أول صف من الجدول من اليمين أو من اليسار .

٢- أضغط على الزر Shift و معه السهم الأيمن أو الأيسر حسب الخانة التى اخترتها ٣-

بعد الانتهاء من خلايا الصف الأول لا تترك الزر Shift و أضغط على السهم الأسفل لاختيار

باقي الجدول .

** باستخدام الفأرة :-

١- قف فى أول خانة فى أول صف من الجدول من اليمين أو من اليسار .

٢- قم بالضغط على زر الفأرة الأيسر و لا تتركه إلا بعد أن تمر على كل خلايا الجدول .

ثانياً : *التحديد على عمود Column* :-

* عن طريق مربع الحوار Table فى التبويب Layout .... أتبع الخطوات التالية .....

١- قم بالوقوف فى أى خلية من خلايا العمود الذى تريد اختياره حتى تظهر التبويبات

الخاصة بتنسيق الجداول (Design , Layout) .

٢- أفتح التبويب Layout ثم أنظر إلى مربع الحوار Table فى يسار التبويب .

٣- أنقر على الاختيار الأول Select لتنفتح لك القائمة الموضحة بالشكل رقم ١٠٢ ، و

أختر منها Select Column .

** عن طريق لوحة المفاتيح :-

١- قف فى أول خانة من خانات العمود الذى تريد اختياره .

٢- أضغط على الزر Shift و معه السهم الأسفل .

*** باستخدام الفأرة :-

١- قف بمؤشر الفأرة فوق العمود الذى تريد اختياره حتى يتحول شكل المؤشر إلى سهم

أسود اللون .

٢- أنقر عليه نقرة واحدة بزر الفأرة الأيسر .

ثالثاً : *التحديد على صف Row* :-

* عن طريق مربع الحوار Table فى التبويب Layout .... أتبع الخطوات التالية .....

١- قم بالوقوف فى أى خلية من خلايا الصف الذى تريد اختياره حتى تظهر التبويب الخاصة بتنسيق الجداول (Design , Layout) .

٢- أفتح التبويب Layout ثم أنظر إلى مربع الحوار Table فى يسار التبويب .

٣- أنقر على الاختيار الأول Select لتنفتح لك القائمة الموضحة بالشكل رقم ١٠٢ ، و أختر منها Select Row .

** عن طريق لوحة المفاتيح :-

١- قف فى أول خانة من خانات الصف الذى تريد اختياره من اليمين أو من اليسار .

٢- أضغط على الزر Shift و معه السهم الأيمن أو الأيسر حسب الخانة التى وقفت عندها

*** باستخدام الفأرة:-

١- قف بمؤشر الفأرة إلى يمين أو يسار الصف الذى تريد اختياره .

٢- أنقر عليه نقرة واحدة بزر الفأرة الأيسر .

رابعاً :التحديد على خلية Cell :-

١- يمكنك الوقوف فى الخلية و النقر ثلاث مرات متتالية بزر الفأرة الأيسر .

٢- الوقوف بمؤشر الفأرة على يسار الخلية حتى يتحول شكلها إلى سهم أسود اللون، ثم أنقر نقرة واحدة بزر الفأرة الأيسر.

** الشكل رقم ١٠٣ يوضح شكل مؤشر الفأرة عند اختيار عمود أو صف أو خلية :-

شكل١٠٣

نسخ و تحريك الجدول كله أو صف أو عمود :-

أولاً : نسخ الجدول Copying Table :-

إذا أردت أن تقوم بنسخ البيانات من الجدول و لصقها فى جدول آخر يمكنك أن تقوم باختيار الجدول ثم تستخدم الأمر Copy بأي طريقة من الطرق المعروفة للوصول إليه ، ثم تذهب إلى الجدول الآخر و تستخدم الأمر Paste بأي طريقة أيضاً ، و لكن ربما أن هذا قد يؤدى إلى لصق بيانات الجدول الأول كلها فى خلية واحدة مثلاً ..!!

حيث أنه ربما لا تتشابه أبعاد الجدول الأول مع أبعاد الجدول الثانى ، لنأخذ مثالاً :-

إذا كان الجدول الأول أبعاده ٤ X ٥ أى أنه يتكون من أربعة أعمدة و خمسة صفوف ، و تريد لصق بياناته فى جدول آخر أبعاده ٦ X ٨ أى أنه يتكون من ستة أعمدة و ثمانية صفوف .... ماذا تفعل ???????

١- قم بالتحديد على جدولك الأول كله (٤ X ٥) ، ثم أستخدم الأمر Copy .

٢- قم بالوقوف فى الجدول الآخر (٦ X ٨) ، و لكن لا تقم بالتحديد إلا على أربعة أعمدة و خمسة صفوف فقط من هذا الجدول ، أى نفس أبعاد الجدول الأول حتى تلصق بياناتك بشكل آمن ......سؤال آخر: ماذا لو كانت أبعاد كل من الجدولين متساوية ???

ببساطة سوف تقوم بالتحديد على الجدول الأول كله و تختار الأمر Copy ، ثم تقوم بالتحديد على الجدول الثانى كله و تختار الأمر Paste .

ثانياً : نسخ و تحريك العمود Copying & Moving Column :-

لنسخ العمود قم بالتحديد عليه و اختياره بإحدى الطرق سالفة الذكر ثم أستخدم الأمر Copy ثم قف على العمود الذى تريد نسخه فى مكانه و أستخدم الأمر Paste ، سوف تلاحظ أنه قام بإزاحة العمود الأول إلى اليمين و حل محله .....أما لتحريك العمود فيمكنك استخدام الطريقة اليدوية و هى أن تقف عليه و تنقر على زر الفأرة الأيسر و لا تتركه إلا فى المكان الذى تريده ، أو يمكنك استخدام الأمر Cut بأن تحدد العمود الذى تريد تحريكه و تختر الأمر Cut ،سوف تلاحظ اختفاء العمود كلية ، ثم قف فى المكان الذى تريده و أختر الأمر Paste .

ثالثاً : نسخ و تحريك الصف Copying & Moving Row :-

كل ما ذكرناه فى نسخ و تحريك العمود ينطبق تماماً على نسخ و تحريك الصف..،ماعدا شىء واحد و هو الصف الأخير حيث أنك كلما قمت بنسخ أو تحريك أى صف من مكانه سوف تجده موجوداً مرة أخرى فوق الصف الأخير لذا فعليك عندما تريد أن تجعل صفاً من الصفوف العليا أن يكون هو الأخير قم بوضعه فى الصف الأخير ثم قف بمؤشر الفأرة فى أى مكان فى الصف الأخير و أضغط على الأزرار (Ctrl + Shift + Up arrow) .

مربع الحوار Table Properties -:

يمكنك الحصول على مربع الحوار Table Properties بطريقتين :-

١- فى التبويب Layout الخاص بتنسيق الجداول أنظر إلى مربع الحوار الأول Table سوف تجد أن آخر اختيار فيه هو Properties أنقر عليه لفتح مربع الحوار ،

٢- قف فى أى من خلايا الجدول و أنقر على زر الفأرة الأيمن Right Clicking ، و أختر الأمر Table Properties ليظهر لك مربع الحوار الموضح بالشكل رقم ١٠٤ :-

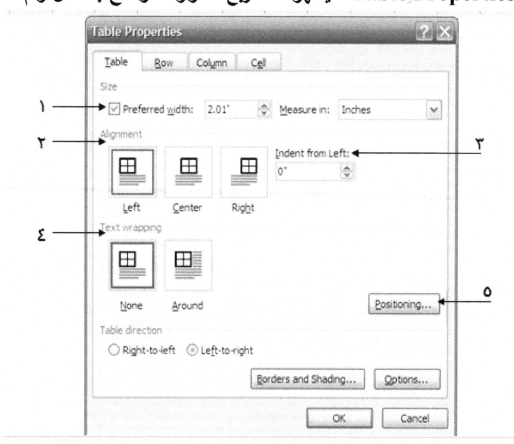

شكل ١٠٤

١- Preferred Width :-

هذا الأمر وظيفته هى تحديد عرض محدد و ثابت للجدول حيث أن الجدول لا يمكن أن يكون عرضه غير محدد و ذلك لأنه يحتوى على نصوص و بيانات كما أنه مقيد بهوامش الصفحة

٢- Alignment :-

هذه الأداة تتحكم فى موقع الجدول نفسه بالنسبة للصفحة ، من حيث وجوده يساراً أو يميناً أو فى وسط الصفحة ،و وظيفتها تختلف تماماً عن وظيفة مربع الحوار Alignment الموجود فى التبويب Layout فى Table Tools حيث أن الأخيرة تستخدم لتعديل اتجاه النصوص المكتوبة داخل الخلايا منفصلة ، حيث يمكنك أن تجعل اتجاه خلية فى الوسط و أخرى يميناً و أخرى يساراً .

٣- Indent From Left :-

تستخدم هذه الأداة لتحديد موقع الجدول بالنسبة لهامش الصفحة الأيسر ، ولا تكون هذه الأداة نشطة إلا إذا كان الاختيار None هو النشط فى الأداة Text Wrapping ، أما إذا كان الاختيار Around هو الاختيار النشط فقم باستخدام الزر Positioning - الأداة رقم ٥ بالشكل - لضبط موقع الجدول بالنسبة للهامش الأيسر من الصفحة .

٤- Text Wrapping :-

تستخدم هذه الأداة إذا كنت تريد وضع الجدول فى وسط الكلام ، بمعنى أن تضعه فى وسط الصفحة مثلاً و تكتب تعليق عليه بجانبه أو من حوله كما هو موضح بالشكل رقم ١٠٥ :-

**** ولتنشيط هذه الأداة أختر Around....**

C. Capacity to Amplify the Overall Outreach of Program¶

As indicated, an important aspect of ECA's program expenditures is to obtain the largest possible impact for each tax dollar spent. This is reflected both in terms of the ability of the organization to share costs as well as the ability to obtain as much non-paid support as possible in the form of volunteers, both in the United States and abroad. While both areas are important, volunteer support is deemed relatively more important. Another aspect of organizational capacity is the extent to which the organization works beyond itself to establish and take advantage of networks of related organizations in the United States and elsewhere. Networking comprises activities ranging from establishing relationships with other organizations, hosting conferences to promote dialog and learning, and keeping alumni involved in program activities.

1. Cost sharing	40%
2. Volunteer Support	60%

شكل ١٠٥

٥- الزر Positioning :-

هذا الزر لا ينشط إلا إذا كان الأمر Text Wrapping نشطاً بتفعيل الخيار Around ، و عند النقر عليه يظهر مربع الحوار الموضح بالشكل رقم ١٠٦ :-

<u>شكل١٠٦</u>

<u>التبويب الخاص بتنسيق الجداول Design & Layout :-</u>

فى الفصل الأول عندما تحدثنا عن التبويبات ذكرنا أن هناك نوع منها هو contextual Tabs و ذكرنا انه لا يظهر إلا عند الحاجة إليه ، و بالطبع قد لاحظت أن هناك تبويبين قد ظهرا عندما قمت برسم الجدول هما Design , Layout ، و على الرغم من أن Design هى المكتوبة أولاً إلا أنك عندما تتعامل معهما سوف تجد أن Layout هى الجديرة بأن نتحدث عنها أولاً و عن المهارات و الإمكانيات التى تمدنا بها ......

<u>أولاً : التبويب Layout:-</u>

عندما تنظر إلى التبويب Layout سوف تجد أن شكله كما هو موضح بالشكل رقم ١٠٧ -:

<u>شكل١٠٧</u>

<u>١- مربع الحوار الأول Table -:</u>

تحدثنا عنه سابقاً فى الجزء الخاص باختيار الجدول كله أو صف أو عمود ، و كذلك شرحنا مربع الحوار Table Properties .

<u>٢- مربع الحوار Rows & Columns -:</u>

<u>شكل١٠٨</u>

كما تلاحظ بالشكل رقم ١٠٨ فإن أول أمر يقابلنا فيه هو الأمر Delete........

ربما قد يسأل البعض: ما الحاجة إلى هذا الأمر بينما هناك زراً يسمى Delete على لوحة المفاتيح ؟؟ سوف نجيبهم بأن يقوموا بالتجربة وإتباع هذا المثال : إذا كنت تريد أن تمسح خلية أو صفاً أو عموداً أو حتى تريد مسح الجدول كله ماذا تفعل ؟؟ ،

بالطبع سوف تقوم بالتحديد على الجدول كله ثم تضغط الزر Delete من لوحة المفاتيح .... ماذا تلاحظ ؟ سوف تلاحظ أنه تم مسح كل البيانات التى كانت موجودة فى الجدول و لكن الجدول نفسه مازال موجوداً و هذا هو نفسه ما سيحدث عندما تحاول مسح عمود أو صف أو خلية بنفس ذات الطريقة ....

ملحوظة :- **قم بتجربة الزر Backspace ، أو الضغط على زرى Shift + Delete .**

هنا سوف تظهر أهمية الأمر Delete الموجود فى التبويب Layout فى Table Tools ..... فأنت إذا نقرت بزر الفأرة الأيسر على هذا الأمر سوف تنسدل لك القائمة الموضحة بالشكل رقم ١٠٩ :-

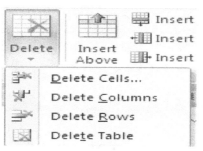

شكل١٠٩

بعد أن تقرأ الأوامر الموجودة فى تلك القائمة يجب عليك أن تستنتج ما يلى :-
أنك لكى تمسح الجدول كله ليس عليك سوى أن تقف فى أى مكان فى الجدول و تختار الأمر Delete Table ليتم مسح الجدول كله .... ،

و لكى تمسح عمود قم بالوقوف فى أى خلية فيه و أختر الأمر Delete Columns ....،

و لمسح صف قم بالوقوف فى أى خلية فيه و أختر الأمر Delete Rows ... ،

أما لكى تمسح خلية فيجب عليك أن تقوم بالوقوف عليها و تختر الأمر Delete Cells ليظهر لك مربع الحوار الموضح بالشكل رقم ١١٠ ، و الذى يسألك عن بعض المعلومات عن الخلية التى تريد مسحها إذا كانت هى الخلية اليسرى أو العليا أم أنك تريد مسح العمود أو الصف كله .... ،

شكل١١٠

أما بالنسبة لبقية الأوامر الأخرى الموجودة فى مربع الحوار Rows & Columns فهى عكس الأمر السابق الذى كان يستخدم لمسح صف أو عمود أو خلية ، بينما هذه الأوامر تستخدم لإضافة صف أو عمود أو خلية ....، ليس هذا فقط بل أيضاً حسب الموقع الذى

تريدها فيه ... لنجرب معاً .... قف فى أى خلية فى جدولك ، ثم أنقر على الأمر الأول Insert Above ماذا تلاحظ ؟؟؟

سوف تلاحظ أنه قد تمت إضافة صف جديد فوق الصف الذى كنت تقف فيه ، و أيضاً أن الوورد قام بالتحديد عليه لتعرفه ....،

و إذا قمت بالنقر على الأمر الثانى Insert Below سوف تتم إضافة صف جديد تحت الصف الذى تقف فيه ، ** لإضافة صفاً جديداً أسفل آخر صف فى الجدول قف بمؤشر الكتابة فى آخر خلية فى الصف الأخير فى الجدول ، ثم أضغط على الزر Tab فى لوحة المفاتيح أو الزر F4 .

و إذا قمت بالنقر على الأمر الثالث Insert Left سوف تتم إضافة عمود جديد إلى يسار العمود الذى كنت تقف فيه ، و إذا قمت بالنقر على الأمر الرابع Insert Right سوف تتم إضافة عمود جديد إلى يمين العمود الذى كنت تقف فيه،

أما لإضافة خلية جديدة قم بالوقوف فى المكان الذى تريد إضافة خلية جديدة فيه ، ثم قم بالنقر على السهم الموجود فى أقصى يمين مربع الحوار Rows & Columns ليظهر لك مربع الحوار الموضح بالشكل رقم ١١١ :-

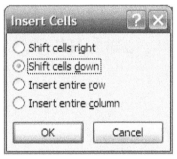

<u>شكل ١١١</u>

يسألك مربع الحوار هذا عن إذا كنت تريد الخلية الجديدة فى يمين الخلية التى تقف فيها أم أسفلها أم أنك تريد إضافة صفاً أو عموداً كاملاً ...... ،

** هناك طريقة أخرى للحصول على هذه الأوامر ، وهى أن تقف فى أى مكان فى الجدول و تنقر على زر الفأرة الأيمن و تختر Insert كما هو موضح بالشكل رقم ١١٢ :-

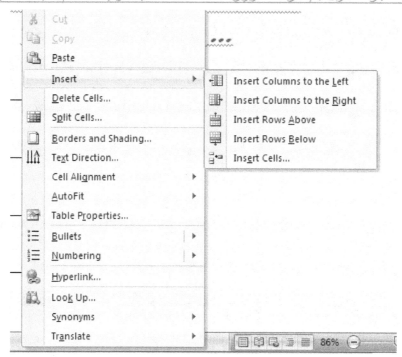

شكل١١٢

٣ – مربع الحوار Merge -:

أول أمر فى مربع الحوار هذا هو Merge Cells ، و هو يستخدم لدمج خليتين أو

أكثر لكى يصبحوا خلية واحدة

مثلما ترى فى الشكل رقم ١١٣ :-

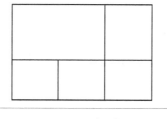

شكل١١٣

و للحصول على هذه النتيجة ليس عليك سوى أن تقوم بالتحديد على الخلايا التى تريد

دمجها معاً و تنقر على الأمر Merge Cells ..... ، أنظر الشكل رقم ١١٤ :-

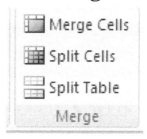

شكل١١٤

**و هناك طريقة أخرى لعمل نفس الشىء و هى استخدام أداة الأستيكة Eraser الموجودة فى مربع الحوار Draw Borders فى التبويب Design ، كما يجب عليك أن تعرف أنك لا يمكنك دمج صفين أو عمودين ، وأنك إذا قمت بالتحديد على صفين و نقرت هذا الأمر سوف يدمجهم معاً جميعاً فيصبحوا خلية واحدة كبيرة ، لذا لفعل ذلك عليك أن تدمج كل خليتين معاً .... ،

الأمر الثانى فى مربع الحوار Merge هو Split Cells ، و هو عكس الأمر الأول أو يستخدم لإلغائه فأنت إذا أردت أن تعود بالخلية الكبيرة التى تم دمجها فى الجدول السابق إلى شكلها الأصلي فما عليك سوى أن تقوم بالتحديد عليها ، ثم   تنقر على الأمر Split Cells ليظهر لك مربع الحوار الموضح بالشكل رقم ١١٥ :-

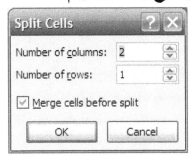

<u>شكل١١٥</u>

يسألك مربع الحوار عن عدد الأعمدة التى تريد تقسيم الخلية إليها ، و كذلك عدد الصفوف ، مما يعنى أنك لايمكن إعادتها لشكلها الأول فقط و لكن يمكنك إعادة تقسيمها أيضاً ..!! فى جدولنا هذا سوف نطلب أن تقسم الخلية على عمودين و صف واحد فقط ، بينما لو كانتا خليتين رأسيتين كنا سنطلب أن تقسم على عمود و احد و صفين ، ......

** يمكنك استخدام الأداة Draw Table فى مربع الحوار Draw Borders فى التبويب Design لرسم الخطوط الفاصلة بين الخلايا كما تريدها ...،

الأمر الثالث فى مربع الحوار Merge هو Split Table ، و يستخدم هذا الأمر لفصل الجداول .... بمعنى أنك لو لديك جدول مكون من أربعة صفوف و قمت بالتحديد على الصف الثالث كله ثم نقرت على هذا الأمر سوف يقوم الوورد بفصل الصفين العلويين عن الصفين

السفليين بدءاً من الصف الذى قمت بالتحديد عليه ، وبذلك تكون أنت قد حصلت على جدولين من جدول واحد ..

٤ - مربع الحوار Cell Size ـ:-

الأمر الأول فيه هو Distribute Rows ، و هو يستخدم للتحكم فى ارتفاع الصفوف فكما ترى أنك يمكنك أن تتحكم فى ارتفاع صفوف الجدول بكتابة الارتفاع الذى تريده مكان الرقم (0.79) الموجود فى مربع النص الأول أو تقوم بالزيادة أو النقص من خلال السهمين العلويين الموضوعين داخل مربع ، كما يمكنك أن تنقر على العلامة العليا الموضوعة داخل الدائرة لتقوم بمساواة ارتفاعات كل صفوف الجدول .... ، أنظر الشكل رقم ١١٦ :-

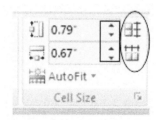

شكل١١٦

الأمر الثانى فى مربع الحوار Cell Size هو Distribute Columns ، و هو يستخدم للتحكم فى عرض الأعمدة فكما ترى أنك يمكنك أن تتحكم فى عرض أعمدة الجدول بكتابة العرض الذى تريده مكان الرقم (0.67) الموجود فى مربع النص الثانى أو تقوم بالزيادة أو النقص من خلال السهمين السفليين الموضوعين داخل مربع ، كما يمكنك أن تنقر على العلامة السفلى الموضوعة داخل الدائرة لتقوم بمساواة عرض كل أعمدة الجدول مع بعضها البعض .... ، بعد شرح هذين الأمرين نستنتج أنه بالنقر على العلامتين الموضوعتين داخل دائرة يمكنك أن تجعل كل خلايا الجدول متساوية فى العرض و الارتفاع ... الأمر الثالث فى مربع الحوار Cell Size هو Auto Fit ، و عند النقر عليه تنسدل القائمة الموضحة بالشكل رقم ١١٧ :-

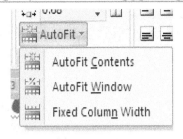

شكل١١٧

إذا وقفت فى أى مكان فى الجدول و نقرت على الأمر الأول AutoFit Contents سوف يقوم الوورد بتعديل عرض الأعمدة – زيادة أو نقصان – حتى تتناسب مع حجم محتوياتها .... ، أما إذا نقرت على الأمر الثانى AutoFit Window فسوف يقوم الوورد بتعديل عرض الجدول حتى يصبح بعرض صفحة العمل ،

و إذا نقرت على الأمر الثالث Fixed Column Width فسوف يقوم الوورد بتثبيت مقاسات أعمدة الجدول .

٥ – مربع الحوار Alignment -:

يحتوى مربع الحوار Alignment على ثلاثة أدوات فقط ... ، كما هو موضح بالشكل رقم ١١٨ :-

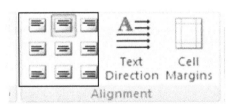

شكل١١٨

الأداة الأولى منهم هى تلك المربعات الصغيرة الموضوعة داخل مربع كبير ، و هى تسمى Cell Alignment ، أى أنها المسئولة عن تنسيق النص داخل الخلية ، و كما تلاحظ هناك تسعة اختيارات أختر منهم ما تشاء، كما يمكنك أن تجعل لكل خلية تنسيقها المنفرد ....،الأداة الثانية هى Text Direction ، و هى تستخدم للتحكم فى اتجاه النص سواء كان طولياً أو عرضياً ، و لاستخدامها ليس عليك سوى أن تقف فى الخلية التى تريدها و تنقر على الأداة Text Direction لتعطيك خياراتها   المتاحة كما هى موضحة بالشكل رقم ١١٩ -:

Word2007	Word2007	Word2007

شكل١١٩

الأداة الثالثة و الأخيرة فى مربع الحوار Alignment هى Cell Margins ، و هى المسئولة عن ضبط المسافات بين الخلايا و بعضها ، لذا فعندما تنقر عليها يظهر لك مربع الحوار الموضح بالشكل رقم ١٢٠ :-

شكل١٢٠

** الاختيار Default Cell Spacing أجعله نشطاً ، ثم أجعل الرقم (0.1) كما هو موضح بالشكل ، ثم أنقر OK

ليصبح لديك جدول شكله كالموضح بالشكل رقم ١٢١ :-

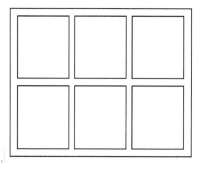

شكل١٢١

٦- مربع الحوار Data :-

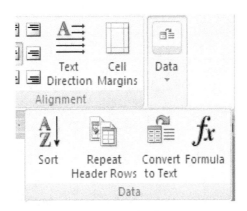

شكل١٢٢

كما تلاحظ فإن مربع الحوار Data لا يمكنك معرفة ما يحتويه من أوامر إلا إذا قمت بالنقر على سهمه السفلى لتظهر لك تلك الأربعة أوامر ....

الأمر الأول هو Sort ، و وظيفته هى ترتيب محتويات الجدول تصاعدياً أو تنازلياً حسب احتياج المستخدم ......، لكى نفهم أكثر علينا أن نأخذ مثالاً .....

لو كان لديك جدول شكله كالموضح بالشكل رقم ١٢٣ :-

Letters	Numbers	Symbols
A	1	*
B	2	**
C	3	***

شكل١٢٣

و تريد أن تقوم بإعادة ترتيب محتوياته تنازلياً أو تصاعدياً فماذا تفعل ؟؟

أولاً أنقر على الأداة Sort ليظهر لك مربع الحوار الموضح بالشكل رقم ١٢٤ :-

شكل١٢٤

بعد أن قمت بتتبع الخطوات الموضحة بالشكل ماذا تلاحظ على جدولك ؟؟؟

الأمر الثانى فى مربع الحوار Data هو Repeat Header Rows ، و هو يستخدم عندما تكون تكتب جدولاً طويلاً يمتد لأكثر من صفحة ، حيث أنك فى هذه الحالة سوف يصبح الجدول فى الصفحات الأخرى بخلاف الصفحة الأولى بدون الصف الذى يحتوى على العناوين التى توضح نوعية البيانات مما قد يؤدى إلى تشتيت من يقرأ الجدول .....،

لذا حلاً لهذه المشكلة قم بالتحديد على الصف الأول الذى يحتوى على العناوين ، ثم أنقر على هذا الأمر حتى يتم تكرار هذا الصف فى كل صفحة تحتوى على بقية الجدول ......

** *يشبه هذا الأمر الخاصية Freeze الموجودة فى Excel* **

الأمر الثالث فى مربع الحوار Data هو Convert To Text أى " التحويل إلى نص " و هو ببساطة أن تقوم بتحويل محتويات الجدول إلى نصوص عادية ، و هو بذلك يصبح عكس الأمر Convert Text To Table الموجود فى القائمة المنسدلة من مربع الحوار Table الموجود فى التبويب Insert و الذى كان يقوم بتحويل النص إلى جدول ،

للقيام بهذه العملية قم بالتحديد على جدولك كله ثم أنقر على هذا الأمر ليظهر لك مربع حوار شكله كالموضح بالشكل رقم ١٢٥:-

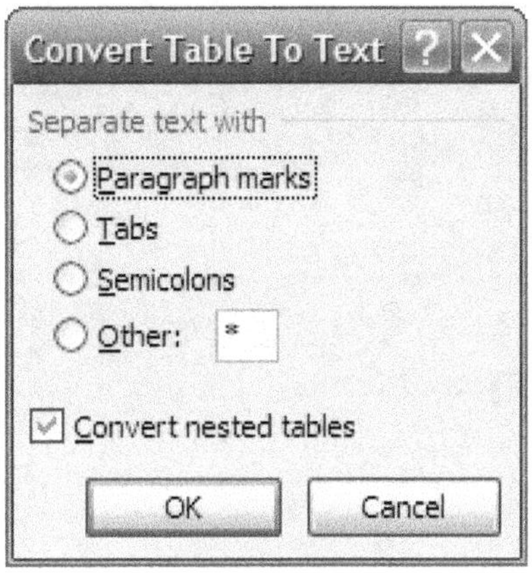

شكل١٢٥

فى مربع الحوار هذا يسألك الوورد عن الشكل الذى تريد عليه بياناتك بعد إلغاء الجدول ...
فهل تريدها أن تصبح عبارة عن قطعة كلامية واحدة ، أم تريدها على هيئة مقاطع منفصلة ،
أم تريد أن تفصل بينها بفاصلة أو أى شىء آخر ..... ، بعد أن تختار ما تريد أنقر على
الزر OK....

الأمر الرابع فى مربع الحوار Data هو Formula ، و هو عبارة عن إمكانية إجراء بعض
العمليات الحسابية البسيطة فى جدول فى الوورد بدلاً من استخدام الإكسيل ، ولكنه ليس فى
دقة الإكسيل لذا يجب عليك عند استخدام هذه الخاصية فى الوورد أن تتأكد من نتائج
العمليات الحسابية عن طريق آلة حاسبة ....

و عندما تنقر على هذا الأمر يظهر لك مربع حوار يمكنك من أن تكتب فيه عملياتك الحسابية
من جمع و طرح وقسمة،

و أيضاً يمكنك أن تختار الشكل المناسب لأرقامك سواء بالنسبة المئوية أو العملة... الخ
أنظر الشكل رقم ١٢٦ :-

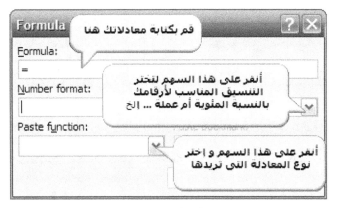

شكل١٢٦

ثانياً : التبويب *Design* -:

عندما تنظر إلى التبويب **Design** سوف تجد أن شكله كما هو موضح بالشكل رقم ١٢٧:-

شكل١٢٧

كما تلاحظ فهو ينقسم إلى ثلاثة مربعات حوار .... ، سوف نبدأ بمربع الحوار الأوسط ..

١- مربع الحوار *Table Style* -:

يمدنا وورد ٢٠٠٧ بالعديد من الأشكال المختلفة للجداول .... ، أنظر الشكل رقم ١٢٨ :-

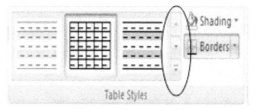

شكل١٢٨

حتى يمكنك استخدامها قم بالوقوف بمؤشر الكتابة فى أى مكان فى جدولك ، ثم أفتح التبويب Design فى

Table Tools و قم باستعراض هذه الأشكال عن طريق النقر على الأسهم الموضوعة فى دائرة ، و لاحظ أنك إذا

نقرت على الزر السفلى سوف تنفتح لك قائمة بأشكال الجداول التى يحتوى عليها وورد ٢٠٠٧ كما هى موضحة   بالشكل رقم ١٢٩ :-

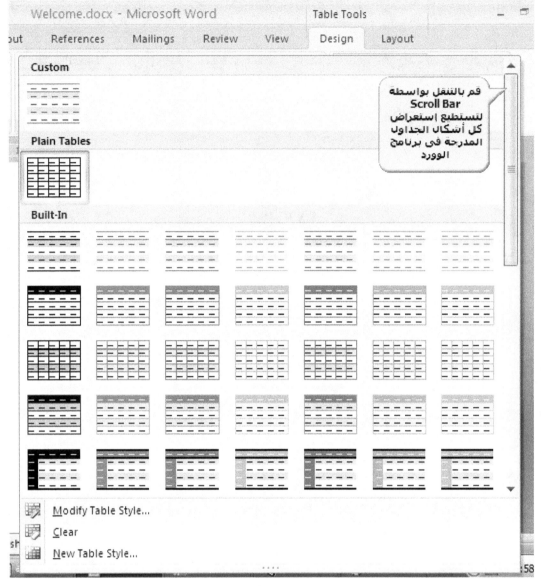

شكل١٢٩

لاحظ أنك عندما تقف بمؤشر الكتابة فوق جدولك بينما تمر بمؤشر الفأرة فوق هذه الأشكال تجد أن وورد يستعرض لك شكل جدولك فى هذا الأسلوب ، أنظر الشكل رقم ١٣٠ :-

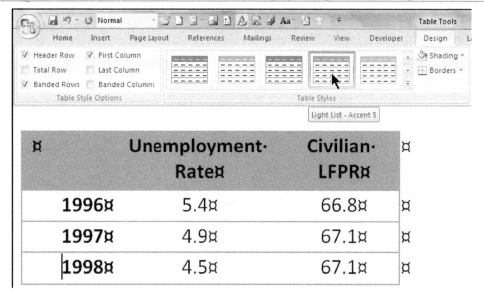

شكل ١٣٠

و عندما تختار شكلاً منهم قم بالنقر عليه فتجده قد تم تطبيقه على جدولك..، و إذا أردت أن تقوم بتعديل أى شىء فيه عد إلى مربع الحوار الموضح بالشكل رقم ١٢٦ و أختر الأمر Modify Table Style ... ليظهر لك مربع الحوار الموضح بالشكل رقم ١٣١ :-

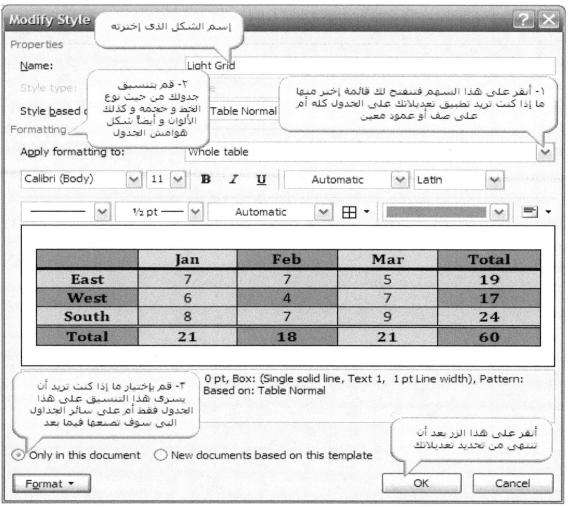

شكل١٣١

إذا لم يعجبك الشكل الذى اخترته من نفس القائمة أختر الأمر Clear .....،و إذا لم يعجبك أى من تلك الأشكال أختر الأمر New Table Style من نفس القائمة ، لينفتح لك مربع حوار شكله كالموضح بالشكل رقم ١٣٢ :-

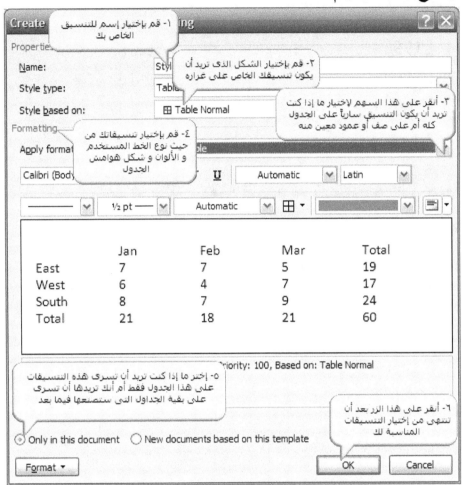

شكل١٣٢

جدير بالذكر أنك إذا وقفت على أى شكل من تلك الأشكال سابقة الذكر و نقرت عليها بزر الفأرة الأيمن سوف تنفتح لك قائمة شكلها موضح بالشكل رقم ١٣٣ :-

شكل١٣٣

الأمر Shading فى مربع الحوار Table Styles يستخدم لتغيير لون خلفية الجدول ، لذا عند النقر عليه تنفتح قائمة بالألوان شكلها كالموضح بالشكل رقم ١٣٤ :-

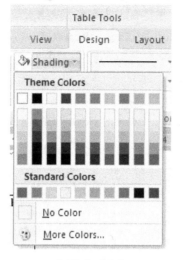

شكل١٣٤

لاستخدامها قم بالتحديد على الجدول كله ، ثم أنقر على السهم لتنسدل لك تلك القائمة ، ثم أختر اللون المناسب لك ... كما يمكنك تغيير لون خلفية صف واحد أو عمود واحد أو حتى خلية واحدة بالتحديد عليها ثم اختيار اللون المناسب لها..، يمكنك استخدام هذه الخاصية عندما تريد أن تقوم بالتركيز على عنصر معين من عناصر الجدول...، جدير بالذكر أنك لوضع ظلال للجدول أو أياً من عناصره يمكنك استخدام الأداة Shading الموجودة فى مربع الحوار Paragraph فى التبويب Home .

أما الأمر Borders فهو يستخدم لتحديد الهوامش التى تريدها ظاهرة فى جدولك ، لذا عند النقر عليه تنفتح لك قائمة شكلها كالموضح بالشكل رقم ١٣٥ :-

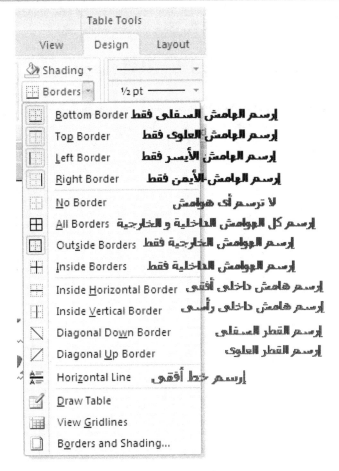

<u>**شكل١٣٥**</u>

أختر منها ما يناسبك.... سوف تلاحظ أنه تم شرح و تفسير كل الأوامر فى القائمة ، و كل

مجموعة بلون مختلف حتى يسهل عليك قراءتها ، أما بالنسبة للثلاثة أوامر الأخيرة فهى :

١– Draw Table :–

و هى نفس الأداة الموجودة فى مربع الحوار Draw Borders ، حتى أنك إذا نقرت عليها

سوف تلاحظ تفعيل نفس الأداة فى مربع الحوار Draw Borders.

٢– View Gridlines :–

هى أداة تستخدم لإظهار كل الهوامش الموجودة فى داخل الجدول ، و هى نفس الأداة

الموجودة فى مربع الحوار Table الموجود فى التبويب Layout الموجود فى Table

Tools .

٣- Borders and Shading :-

عند النقر على هذا الأمر ينفتح لك مربع الحوار Borders and Shading الذى اعتدت أن تحصل عليه من خلال النقر على السهم الموجود فى أقصى يمين مربع الحوار Draw Borders .

٢ – مربع الحوار Table Style Options :-

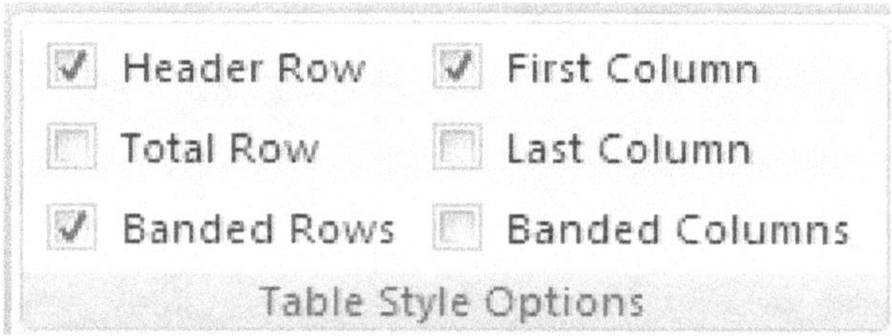

☑ Header Row	☑ First Column
☐ Total Row	☐ Last Column
☑ Banded Rows	☐ Banded Columns
Table Style Options	

شكل١٣٦

يحتوى مربع الحوار هذا على ستة خصائص ، هذه الستة خصائص لا يمكنك استخدامها إلا إذا كنت قد قمت بتنسيق جدولك من خلال النماذج الموجودة فى مربع الحوار Table Styles ، خاصة تلك التى تندرج تحت العنوان Built-in ، و إذا كنت تريد أن تستخدم أى خاصية منهم فما عليك سوى أن تنقر على Check Box لتفعيلها أو إذا كنت لا تريدها فأنقر على الخصائص المنفعلة لتصبح غير فعالة.... ، و هذه الستة خصائص هى :-

١- Header Row :-

تستخدم هذه الخاصية لكى يتم تنسيق الصف العلوى فى الجدول بتنسيق مختلف عن بقية الصفوف .

٢- First Column :-

تستخدم هذه الخاصية لكى يتم تنسيق العمود الأول فى الجدول بتنسيق مختلف عن تنسيقات أعمدة الجدول كلها .

٣- Total Row :-

تستخدم هذه الخاصية لكى يتم تنسيق الصف الأخير بتنسيق مختلف عن بقية الجدول باستثناء الخلية الأولى فيه .

٤- Last Column :-

تستخدم هذه الخاصية لكى يتم تنسيق العمود الأخير بتنسيق مختلف عن باقى الجدول باستثناء الخلية الأولى/العليا فيه.

٥- Banded Rows :-

تستخدم هذه الخاصية لوضع ظلال على الصفوف ، مما يساعد على تركيز تفكير القارئ على المنطقة الأفقية .

٦- Banded Columns :-

تستخدم هذه الخاصية لوضع ظلال على الأعمدة ، مما يساعد على تركيز تفكير القارئ على المنطقة الرأسية .

٣- مربع الحوار Draw Borders

تم شرحه فى بداية هذا الفصل تحت عنوان طرق أخرى لإدراج الجداول .

الفصل السابع

إدراج و تنسيق الصور *Pictures* فى *Word 2007*

إن إدراج الصور فى ملف الوورد فى أحيان كثيرة يكون له فوائد كثيرة جداً ...، فمثلاً أنت بالطبع لاحظت أن هذا الكتاب يحتوى على الكثير من الصور التوضيحية ، و ربما أنك لاحظت أيضاً أن تلك الصور فى بعض الأحيان كانت تتضمن شرحاً كثيراً لم يكن من الممكن توضيحه وفهمه بدونها ......، وهنا نصل إلى أول فائدة للصور ..... وهى أنها قد تكون صوراً توضيحية ....، و هناك فائدة أخرى أنها قد تستخدم لتزيين الملف و إضفاء روح من البهجة و الحركة عليه...، لذا سوف نتعلم فى هذا الفصل كيفية إدراج الصور و كذلك تنسيقها حتى تبدو فى الشكل الملائم لملفك .....

إدراج الصور :-

لكى يمكنك إدراج صورة يجب أن يكون لديك مصدراً للصور ، ربما كان هذا المصدر هو **CD** أو فلاشه أو سكانر أو ربما أنك عندما تحتاج إلى صورة تدخل إلى الإنترنت وتبحث عنها .... كل تلك المصادر جيدة جداً ، ولكن من الأفضل لك عند استخدام أى منها أن تقوم بنسخ تلك الصور إلى الهارد ديسك الخاص بك ، وذلك لكى يسهل عليك معرفة مكانها و الوصول إليها فيما بعد ، كما يفضل أن تنتقى أى جزء فى الهارد ديسك الخاص بك وتصنع فيه **Folder** تسميه (صور أو **Pictures**) و تبدأ فى تقسيم صورك به من حيث نوعياتها (حيوانات – مناظر طبيعية – أطفال – .... الخ)،

أولاً : إدراج الصور من ملف على الهارد ديسك :-

لإدراج صورة من ملف موجود بالفعل على الهارد ، أفتح التبويب **Insert** ثم أنظر إلى مربع الحوار **Illustrations** ثم أنقر على الأداة **Picture** ، أنظر الشكل رقم ١٣٧ :-

شكل١٣٧

ثم سيظهر لك مربع الحوار المعتاد الذى يسألك عن المكان الذى تريد إدراج الصورة منه .. ، جدير بالذكر أن مربع الحوار هذا هو نفسه الذى كان يظهر لك فى وورد ٢٠٠٣ عندما كنت تفتح القائمة Insert ثم تختار Picture حتى تنفتح لك قائمة أخرى تختار منها From File .... من المعروف أن الغالبية العظمى منا عندما تريد استخدام الصور فى ملف الوورد لا تستخدم سوى تلك الصور التى امتدادها هو JPG. و ذلك لأنه أصغر أنواع الصور من ناحية الحجم ، و لكن يحق لك أن تعرف أن وورد ٢٠٠٧ يمكنه استقبال نوعيات صور أخرى مثل:-

GIF على الرغم من كبر حجمه و ذلك لأنها صور متحركة تستخدم فى تصميم صفحات الـ Web ، و أيضاً الامتدادات PNG, WMF, BMP.

ثانياً : إدراج الصور من Cilpboard و الإنترنت :-

يمكنك أيضاً إدراج صورة من خلال Clipboard أو الإنترنت.....

لاستخدام Clipboard قم بعرض صورتك من خلال أى برنامج من برامج الويندوز التى تدعم الصور ، ثم أستخدم مهارات البرنامج لتتمكن من اختيار الصورة ثم قم بنسخها إلى Clipboard ، و إذا لم تنجح هذه العملية أنقر على الصورة بزر الفأرة الأيمن ثم أختر Copy أو Copy Picture ثم أذهب إلى ملف الوورد الخاص بك ثم أذهب إلى المكان الذى تريد فيه صورتك و أنقر على زر الفأرة الأيمن ثم أختر Paste أو من لوحة المفاتيح أضغط على الأزرار Ctrl + V أو أختر الأداة Paste من مربع حوار Clipboard فى التبويب Home ، إن عملية النسخ و اللصق تنجح فى بعض الأحيان مع بعض المتصفحات مثل Internet Explorer ، Netscape ، Firefox و إذا فشلت هذه العملية فهناك عدة طرق يمكنك استخدامها :-

فى Firefox أنقر بزر الفأرة الأيمن على الصورة و أختر Save Image as ، ثم عندما يظهر لك مربع الحوار أبحث عن المكان الذى تريد تخزين صورتك فيه ، ثم أكتب أسمها الموضح أمامك أو قم بتغييره إن أردت ولا داعي لتكتب امتدادها لأن Firefox يقوم بتدعيم الامتداد تلقائياً ، ثم أنقر Save ، فى Internet Explorer أنقر على الصورة بزر الفأرة

الأيمن ثم أختر Save Picture ثم أبحث عن المكان الذى تريد تخزينها فيه ، و أكتب أسمها و أنقر Save ،** هناك طرق كثيرة للبحث عن الصور من خلال الإنترنت ، فمثلاً يمكنك الدخول على محرك البحث Google و من صفحته الإفتاحية أنقر على Images ثم ستظهر لك صفحة للبحث عن الصور أكتب فيها نوعية أو أسم الصورة التى

تريدها (Animals , Flowers , Children .....) ثم أنقر على Search ، ثم ستظهر لك عدة صفحات تحتوى على ما تريده أختر ما يعجبك .....

تنسيق الصور :-

و الآن ها قد أصبحت لديك الصورة التى تريدها .... فهيا لنتعلم كيفية تنسيقها حتى تأخذ مكانها فى الملف ، و لكن يجب أن تعلم أننا الآن نتعامل مع وورد ٢٠٠٧ و ليس ٩٧ أو ٢٠٠٣ و ذلك لأن وورد ٢٠٠٧ قد أمدنا بالعديد من الإمكانيات الجديدة و المختلفة لتنسيق الصور ، أهمها هو ظهور تبويب جديد لتنسيق الصور هو Picture tools و الذى يندرج منه التبويب Format ، و هذا التبويب هو من نوعية الـ Contextual Tabs مثل Picture Tools.......... ، أنظر الشكل رقم ١٣٨ :-

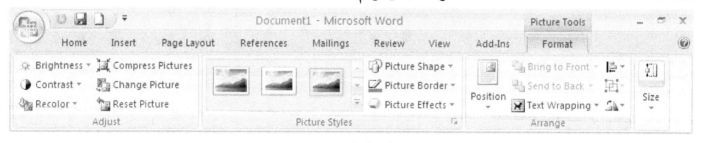

شكل١٣٨

و لكى تتمكن من تنسيق الصور يجب عليك التعرف على الخواص التالية :-

١- الخاصية Wrapping :-

و هى موجودة فى مربع الحوار Arrange ، تستخدم هذه الخاصية لضمان التعايش بين النصوص و الصور على صفحة الوورد ، لذا يجب الآن أن تعرف أن صفحة الوورد تتكون من عدة طبقات Layers ، و هذه الخاصية هى المسئولة عن تنظيم تلك الطبقات .....

فهناك الطبقة التى تكتب فيها النصوص تسمى " Text Layer " و هناك طبقة الرسوم " Drawing Layer " و هى تقع خلف و أمام طبقة النصوص ، حيث يمكنك أن تضع صورة

مثلاً " أمام النص In front of text " فتغطى عليه إلا إذا كانت ذات شفافية عالية ، أو تضعها " خلف النص Behind text " فتصبح بمثابة خلفية للنص ، و هناك أيضاً طبقة للهوامش العلوية و السفلية تسمى " Header and Footer Layer " و هى تقع خلف طبقة النصوص لذا إذا قمت بإدراج صورة فى الهوامش العلوية و السفلية سوف تكون هذه الصورة خلف طبقة النص ، وغالباً ما تستخدم طبقة الهوامش العلوية و السفلية كعلامة مائية ،لإيجاد هذه الخاصية أنقر على الصورة ، ثم أنظر إلى مربع الحوار range الموجود فى التبويب Format فى Table Tools أو الموجود فى التبويب

Page Layout ، ثم أنقر على الاختيار Text Wrapping لتظهر لك القائمة الموضحة بالشكل رقم ١٣٩ :-

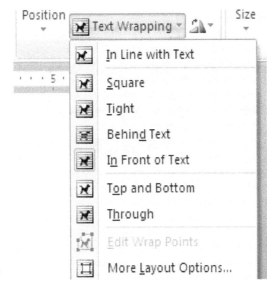

In Line with Text

<u>شكل ١٣٩</u>

و حتى يمكنك التعامل مع هذه الخصائص التى تحتوى عليها تلك القائمة أنظر إلى الجدول التالى :-

الخاصية	*الوظيفة*
1- In Line with Text	**وضع الصورة فى طبقة النصوص ، لا يمكنك سحب الصورة من مكانها لنقلها إلا من Paragraph لآخر ، و لا تستخدم هذه الخاصية إلا فى الملفات الصغيرة أو الرسمية .**
2-	**جعل النص يلتف حول الصورة فى شكل مربع ، و كأن الصورة أصبحت**

Square	عبارة عن " ثقب " مربع فى وسط النص ، يمكنك سحب الصورة لأى مكان فى الملف ، تستخدم هذه الخاصية فى النماذج الخاصة بنشرات الأخبار .
3- Tight	جعل النص يلتف حول الصورة بشكل عشوائي ، مما يجعل الصورة تصبح عبارة عن " ثقب " فى أى مكان توجد فيه فى النص ، يمكنك أن تسحب الصورة فى أى مكان فى الملف ، تستخدم هذه الخاصية فى الملفات المزدحمة بالنصوص حيث لكل مساحة خالية فى الصفحة قيمة .
4- Behind Text	وضع الصورة فى طبقة الرسوم خلف طبقة النصوص ، النص يظهر أمام الصورة ، يمكنك سحب الصورة إلى أى مكان فى الملف ، تستخدم هذه الخاصية لاستخدام الصورة كعلامة مائية أو خلفية للصفحة .
5- In Front of Text	وضع الصورة فى طبقة الرسوم أمام طبقة النصوص ، النص يظهر خلف الصورة ، يمكنك سحب الصورة إلى أى مكان فى الملف ، تستخدم هذه الخاصية لجعل الصورة تغطى النص عندما تحب أن تصنع تأثير ذو طابع خاص .
6- Top and Bottom	هذه الخاصية تصنع ثقباً مستطيلاً بنفس عرض الصفحة ، النص موجود أعلى و أسفل الصورة لكن ليس بجوارها ، يمكنك سحب الصورة إلى أى مكان فى الملف ، تستخدم هذه الخاصية عندما تكون الصورة هى الشىء المركز عليه فى الملف .
7- Through	جعل النص ملتفاً حول النقاط التى تمثل حدود الصورة و يمكنه أن ينفذ من أى نقطة مفتوحة إلى الصورة نفسها ، تستخدم هذه الخاصية لكل الأغراض العملية و لكن استخدامها قليل ، تشبه فى تأثيراتها و سلوكها الخاصية الثالثة Tight .

** لاحظ أن كل الاختيارات سالفة الذكر المتاحة من الخاصية Wrapping يمكنك استخدام أى منهم مع الصور و كل كائنات الجرافيك ، ماعدا بعض الاستثناءات البسيطة مثل (

الأشكال (Shapes) الموجودة فى أعلى مربع الحوار   Illustrations فى التبويب Insert ، و كذلك (مربعات النصوص Text Boxes) الموجودة فى مربع الحوار   Text الموجود فى التبويب Insert أيضاً فهما غالباً ما يستخدما الاختيار   In Front of Text .

** لاحظ أيضاً أنك إذا وضعت صورة على الملف و أعطيتها تنسيق معين من الخاصية Wrapping ثم نسختها إلى أى مكان آخر فسوف ترث الصورة المنسوخة نفس تنسيق Wrapping الذى أعطيته للصورة الأصلية .

٢ – تغيير نقاط حدود الصورة *Wrap Points* :-

لكى يمكنك استخدام الاختيارين Tight & Through بشكل أفضل يمكنك تغيير شكل نقاط حدود الصورة عن طريق النقر عليها مرتين ثم فتح القائمة Wrapping Text سالفة الذكر ، ثم اختيار الأمر قبل الأخير Edit Wrap Points (أنظر الشكل السابق) لكى يمكنك تقريبها أو إبعادها عن بعضها ، أنظر الشكل رقم ١٤٠ :-

شكل ١٤٠

٣ – تحريك الصور :-

يمكنك تحريك الصور فى الملف بطريقتين ......

الأولى هى طريقة القص و اللصق (Cut & Paste)وهى أن تقف على الصورة و تنقر عليها بزر الفأرة الأيسر فيتحول شكل مؤشر الفأرة إلى خطين مستقيمين متقاطعين ، ثم أنقر عليها بزر الفأرة الأيمن و أختر Cut ، ثم أذهب إلى المكان الذى تريدها فيه و أنقر على زر الفأرة الأيمن ، ثم أختر Paste ، أما الطريقة الثانية فهى طريقة السحب Dragging ، و هى أن تقف على الصورة و تنقر عليها بزر الفأرة الأيسر حتى يتحول شكل

الفأرة إلى خطين مستقيمين متقاطعين ، ثم أضغط على زر الفأرة الأيسر و قم بسحب الصورة ، و لا تحرر زر الفأرة حتى تنقل الصورة إلى المكان الذى تريده .

٤- *تغيير حجم الصورة Resizing :-*

لتغيير حجم الصورة يمكنك استخدام طريقتين .... الطريقة الأولى هى طريقة السحب Dragging ، و هى عبارة عن أن تنقر على الصورة بزر الفأرة الأيسر حتى تظهر المقابض الثمانية التى تستخدم لتغيير حجم الصورة ، ثم قف على أى منهم حتى يتحول شكل مؤشر الفأرة إلى سهم ذو رأسين و لا تحرر زر الفأرة إلا بعد أن تسحب المقبض يميناً و يساراً أو لأعلى و لأسفل حتى تصل للحجم الذى تريده .... ، أنظر الشكل رقم ١٤١ :-

شكل ١٤١

**** لاحظ أنك إذا قمت بالضغط على الزر Ctrl أثناء عملية السحب فسوف يتم تغيير حجم الصورة بالتساوي بين كل أضلاعها، و إذا قمت بالضغط على الزر Alt أثناء عملية السحب سوف يتم تغيير حجم الصورة على مراحل، كما**
يمكنك الضغط على الزرين معاً حتى يتم تغيير حجم الصورة على مراحل و بالتساوي بين جميع أضلاعها.

الطريقة الثانية هى استخدام مربع الحوار Size الموجود فى أقصى يمين التبويب Format فى Picture Tools ، و ذلك عن طريق الوقوف على الصورة لتنشيط ذلك التبويب ثم النقر على السهم الصغير الموجود أسفل كلمة Size حتى يظهر لك الشكل رقم ١٤٢ :-

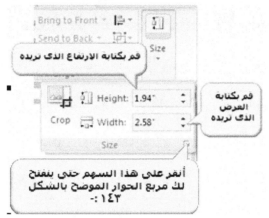

شكل ١٤٢

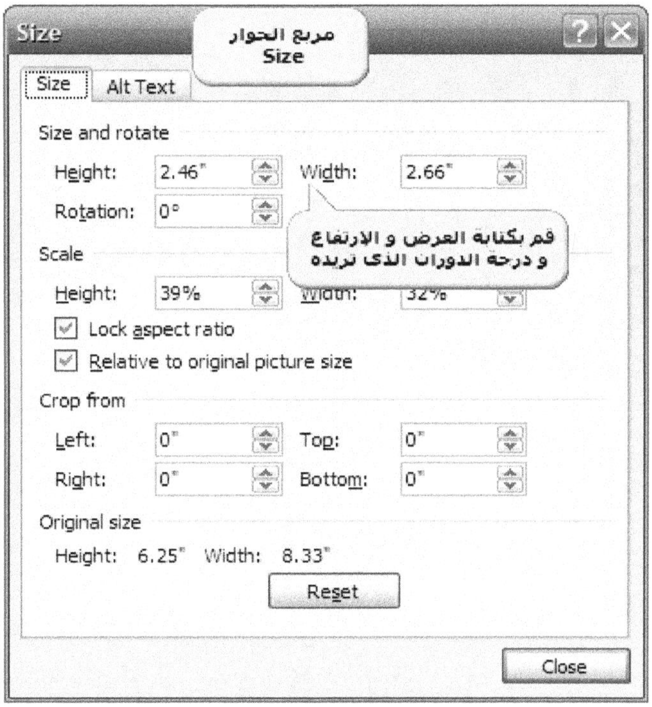

شكل ١٤٣

<u>**٥- تقطيع الصورة Cropping :-**</u>

قد تود أن تقوم بتقطيع صورة معينة للتركيز على جزء معين فيها ، و لكى تقوم بهذه العملية هناك طريقتان :-

الأولى هى استخدام الأداة Crop الموجودة فى مربع الحوار Size الموجود فى التبويب Format فى Picture Tools ، راجع شكل مربع الحوار Size (شكل رقم ١٤٢)......... و لاستخدام هذه الخاصية أتبع الخطوات التالية :-

١- قم بفتح مربع الحوار Size و أنقر على الأداة Crop، لاحظ تغير شكل مقابض الصورة، أنظرا لشكل رقم ١٤٤:-

<u>شكل١٤٤</u>

٢- قم باستخدامهم مثلما استخدمت المقابض لتغيير حجم الصورة ، مع العلم بأن الضغط على المفتاح Alt أثناء تحريك مقابض التقطيع يؤدى إلى تقطيع الصورة على عدة مراحل منفصلة و متساوية بعد أن تنتهي من تقطيع صورتك قم بالنقر على الأداة Crop مرة ثانية حتى تصبح غير نشطة .

الطريقة الثانية هى استخدام السهم الموجود فى أقصى يمين مربع الحوار Size ، حتى ينفتح مربع الحوار Size (الذى كان موضحاً بالشكل رقم ١٤٣) ، أنظر الشكل رقم ١٤٥ :-

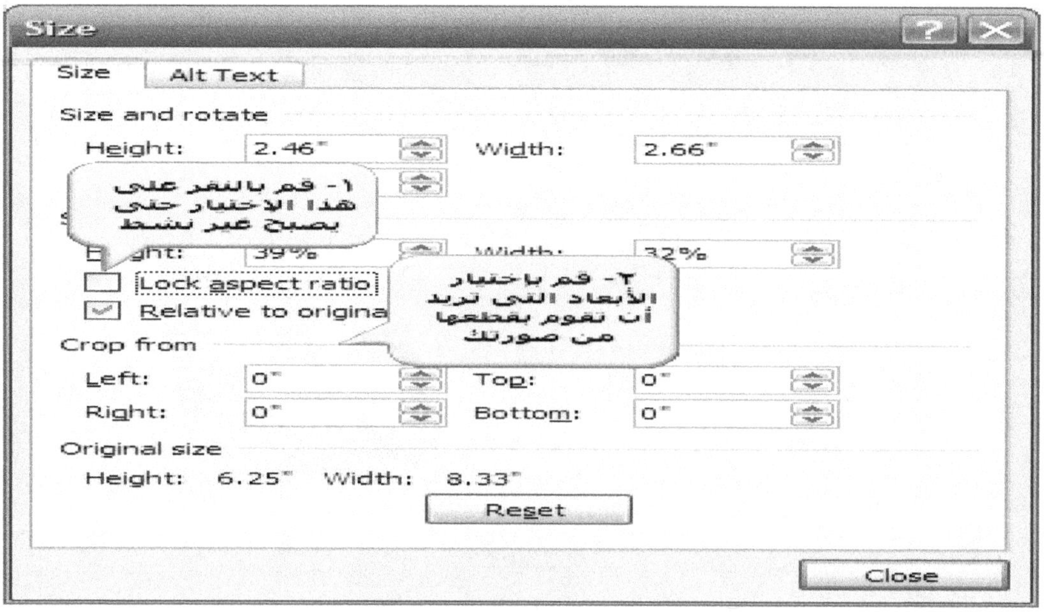

<u>شكل١٤٥</u>

<u>*٦- الأشكال التى يمكنك عرض الصور بها Picture Styles :-*</u>

من أجمل الأشياء الجديدة التى أمدنا بها الوورد ٢٠٠٧ الأشكال الجميلة و المتميزة التى يمكنك أن تعرض صورتك بها حيث تتميز هذه الأشكال بجمالها و وجود بعض الحركة فيها و تعددها حيث وصل عددها إلى ٢٨ شكل ، لاستعراض هذه الأشكال أنقر على الصورة حتى تقوم بتنشيط Picture Tools فى التبويب Format ، ثم أنظر إلى مربع الحوار Picture Styles لترى الشكل رقم ١٤٦:-

شكل١٤٦

** جدير بالذكر أنك لن تحتاج لتغيير شكل صورتك ٢٨ مرة حتى تختار منهم ما تريد ، حيث أن وورد ٢٠٠٧ أعطانا ميزة ممتازة ، و هى أنك بينما تقوم بمجرد المرور بمؤشر الفأرة فوق تلك الأشكال بدون أن تحتاج للنقر على أياً منهم تلاحظ أنه يستعرض لك شكل الصورة فى كل تلك الأشكال ، و عندما تستقر و تختار شكلاً منهم قم بالنقر عليه حتى تأخذ صورتك الشكل الذى تريده .....،   أنظر الشكل رقم ١٤٧ :-

شكل١٤٧

٧– التأثيرات التى يمكنك إضافتها على الصور Picture Effects :-

من الأشياء الجميلة و المتميزة أيضاً تلك التأثيرات الجديدة التى أضافتها شركة مايكروسوفت للصور فى وورد ٢٠٠٧، فتلك التأثيرات منها ما هو ثلاثي الأبعاد 3D ، و منها ما هو لتنعيم حواف الصورة Soft Edges .... الخ، كما تتميز هذه التأثيرات بتعددها حيث يمكن أن نفترض أنها قد تصل إلى مائة تأثير.....!!!

كما أنها تتمتع بنفس الميزة التى تمتعت بها Picture Styles و هى أنك يمكنك استعراضها كلها بمجرد مرور مؤشر الفأرة فوقها ...... ، للوصول إلى هذه التأثيرات عد مرة أخرى إلى مربع الحوار Picture Styles فى التبويب Format فى Picture Tools و أنقر على الأداة Picture Effects ، و بعد أن تختار التأثير الذى يعجبك أنقر عليه ليظهر على الصورة، أنظر الشكل رقم ١٤٨ :-

شكل ١٤٨

٨– تغيير شكل الصورة *Picture Shape* -:

يختلف هذا الاختيار عن **Picture Styles** فى أنه يتحكم فى الشكل الذى تظهر عليه الصورة من حيث كونها مستطيلة أو مربعة أو دائرية ، كما يمكنك إعطائها شكل السحابة أو القلب أو حتى المكعب ...!! ، و هذا يعتبر من ضمن أهم و أجمل الإضافات التى أضافتها لنا شركة مايكروسوفت فى وورد ٢٠٠٧ ، و لكن تلك الأشكال لا تظهر

تأثيراتها بمجرد مرور مؤشر الفأرة فوقها و ذلك لأنها عبارة عن أشكال هندسية و واضحة لا تحتاج لاستعراض...   للوصول لهذا الاختيار لا تحول عينك عن مربع الحوار **Picture Styles** و أنظر إلى الاختيار **Picture Shape** ، أنظر الشكل رقم ١٤٩ :-

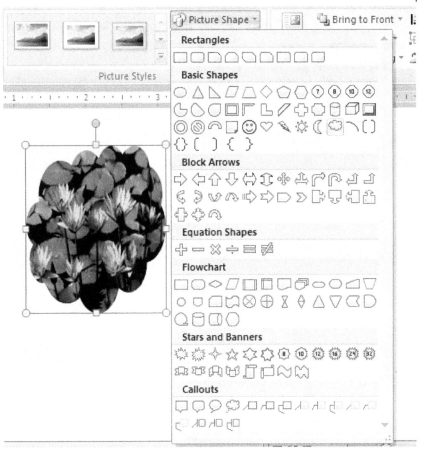

شكل١٤٩

٩- الإطار المحيط بالصورة Picture Border :-

لعلك لاحظت أن أى صورة لها إطار محيط بها ، و هو الذى يحدد شكلها من حيث كونها دائرية أو مربعة أو مستطيلة ،   هذا الإطار أيضاً يمكنك التحكم فى سمكه من حيث كونه سميك و عريض جداً أو متوسط السمك و العرض أو نحيف ، و كذلك يمكنك التحكم فى تكوينه فيمكن أن يكون عبارة عن نقط أو نجوم ، كما يمكنك التحكم فى لونه أيضاً ، كل هذه الخواص تجدها فى أمر واحد هو Picture Border موجود فى مربع الحوار Picture Styles فى التبويب Format فى Picture Tools ، و هذه الخواص تتميز بأنها جميعاً تراها مستعرضة أمامك على الصورة بمجرد المرور فوقها بمؤشر الفأرة ، أنظر الشكل رقم ١٥٠ :-

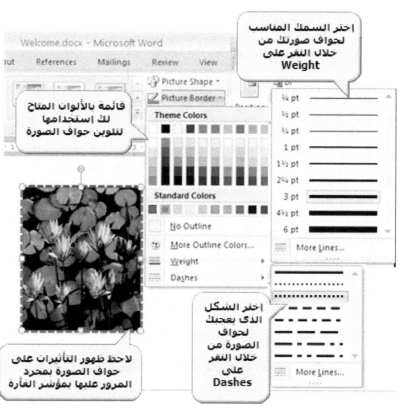

شكل ١٥٠

١٠- تنسيق الصورة Format Picture -:

Picture Format هو مربع حوار يحتوى على العديد من الأوامر و الوظائف ، يمكنك الحصول عليه من خلال النقر على السهم الصغير الموجود فى أقصى يمين مربع الحوار Picture Styles، لمعرفة وظائفه أنظر الشكل رقم ١٥١ :-

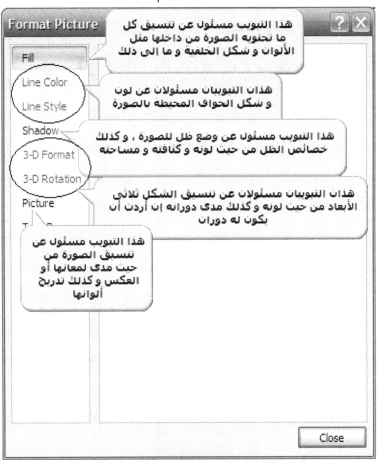

شكل١٥١

١١- استخدام مربع الحوار Adjust -:

كما لاحظت من خلال الشكل رقم ١٤٩ فهو يحتوى على ستة أوامر ....،أنظر الشكل رقم ١٥٢ :-

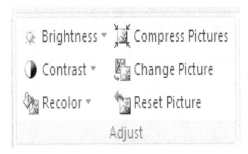

شكل١٥٢

تتميز الثلاثة أوامر الموجودة فى أقصى يسار مربع الحوار بأنها عند النقر عليها تنسدل منها قائمة تحتوى على بعض الأوامر ، كما تتميز كل هذه الأوامر بأنها جميعها تظهر تأثيراتها على الصورة بمجرد المرور عليها بزر الفأرة ، و هذه الستة أوامر هى :-

١ – Brightness :-

يستخدم لتزويد أو تقليل درجة لمعان الصورة ، لذا عند النقر عليه تنسدل لك قائمة بدرجات اللمعان المختلفة المتاحة ، أنظر الشكل رقم ١٥٣ :-

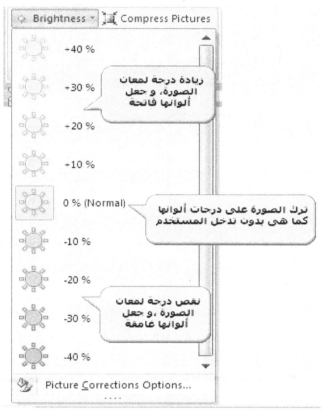

<u>شكل١٥٣</u>

٢ – Contrast :-

يستخدم لتزويد أو تقليل درجة انطفاء الصورة، فهو عكس الأمر السابق، و عند النقر عليه تندرج لك قائمة بدرجات الانطفاء المختلفة، أنظر الشكل رقم ١٥٤:-

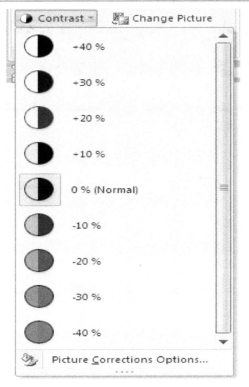

شكل١٥٤

٣- Recolor :-

يستخدم هذا الأمر لإضفاء تأثيرات لونية مختلفة على الصورة مثل **Grayscale , Sepia tone** و ما إلى ذلك ، و عند النقر عليه تندرج لك قائمة بالتأثيرات اللونية المختلفة، أنظر الشكل رقم ١٥٥ :-

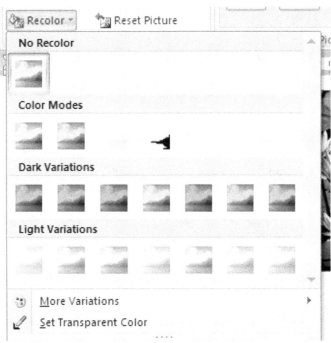

شكل١٥٥

٤- Compress Picture :-

يستخدم هذا الأمر لتقليل حجم الصورة فى الملف و ذلك حتى إذا كنت قد أدرجت العديد من الصور فى الملف لا يصبح ملفك ثقيلاً فيمكنك وضعه على الإنترنت بسهولة و كذلك مشاركته مع من هم معك على شبكة واحدة .

٥- Change Picture :-

يستخدم هذا الأمر لاستبدال الصورة بأخرى غيرها ، مع ملاحظة أن تلك الصورة الجديدة سوف ترث من القديمة بعض التنسيق ، مثل تلك التى أجريتها عليها فى Picture Style , Picture Effects ، و لكن لن ترث عمليات القطع Cropping و كذلك تغيير المقاس Resize .

٦- Reset Picture :-

يقوم هذا الأمر بإزالة كل التنسيق التى يمكن أن تكون قد أجريتها عليها و يعود بها إلى حالتها الأولى التى كانت عليها عندما أدرجتها فى الملف لأول مرة ، ماعدا إذا كنت قد قمت بتغييرها باستخدام الأمر سالف الذكر ، أو إذا كنت قد قمت بتقليل حجمها باستخدام الأمر رقم ٤ (Compress Picture) .

١٢- مربع الحوار Arrange :-

كما هو موضح بالشكل رقم ١٥٦ فإننا نتحدث عن مربع الحوار Arrange الموجود فى التبويب Format فى Picture Tools ، حيث أن هناك مربع حوار آخر يحمل نفس الاسم موجود فى التبويب Page Layout ، و مهم لك أن تعرف إنهما متماثلان تماماً فى كل شىء .... ، أنظر الشكل رقم ١٥٦ :-

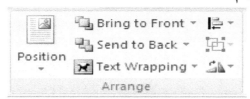

شكل١٥٦

الأمر الأول فيه هو Position ، و وظيفته هى تحديد موقع الصورة فى الملف بالنسبة للنص ، فهو لا يختلف كثيراً عن Text Wrapping ، و لكنه يتميز عنه بأنك بمجرد

المرور فوق الأوامر الموجودة فيه تلاحظ تأثيراتها على الصورة .... ، أنظر الشكل رقم ١٥٧ -:

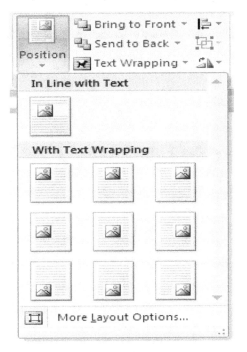

شكل١٥٧

الأمر الثانى هو Bring to Front ، و هو يستخدم لوضع الصورة فى طبقة الرسوم الأمامية ، و هو لا يختلف عن الأمر المماثل له الموجود فى Wrapping Text ، و عند النقر عليه تنسدل لك القائمة الموضحة بالشكل رقم ١٥٨ و التى تحتوى على الخيارات المتاحة لوضع الصورة فى تلك الطبقة ، أنظر الشكل رقم ١٥٨:-

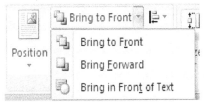

شكل١٥٨

الأمر الثالث هو Send to Back ، و هو يستخدم لوضع الصورة فى طبقة الرسوم الخلفية ، و هو لا يختلف عن الأمر المماثل له الموجود فى Wrapping Text ، و عند النقر عليه تنسدل لك القائمة الموضحة بالشكل رقم ١٥٩ و التى تحتوى على الخيارات المتاحة لوضع الصورة فى تلك الطبقة :-

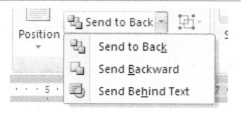

شكل ١٥٩

الأمر الرابع Text Wrapping تم الحديث عنه فى الخاصية رقم ١ من خواص تنسيق الصور .

الأمر الخامس Align ، يستخدم لتحديد اتجاه و محاذاة الصورة ، و تحديد إذا كانت هذه المحاذاة بالنسبة للسطر أو المكان الذى وضعتها أنت فيه فى الصفحة أم بالنسبة للصفحة نفسها ، لذا عند النقر على هذا الأمر تنسدل لك القائمة الموضحة بالشكل رقم ١٦٠ :-

شكل ١٦٠

الأمر السادس Group يستخدم لجعل صورة أو أكثر يبدوان و كأنهما صورة واحدة و يعاملان معاملة الصورة الواحدة للقيام بهذا قم باختيار و التحديد على الصورة الأولى ثم قم باختيار الصورة الثانية و أنت تضغط على الزر Ctrl،ثم ستلاحظ أن الصورتين يتحركان معاً و أن أى تنسيق تجريه على إحداهما سوف يسرى على الثانية أيضاً .

الأمر السابع و الأخير هو الأمر Rotation ، و هو يستخدم لعمل دوران فى الصورة ، لذا عند النقر عليه تنسدل لك لقائمة الموضحة بالشكل رقم ١٦١ :-

شكل ١٦١

الفصل الثامن
Clip Art

يعتبر **Clip Art** من أهم المصادر الغزيرة لتزيين ملفك ، فهو يحتوى على المئات بل و ربما الآلاف من الصور التى يمكنك إدراجها لتزيين ملفك ، و هو يستخدم غالباً فى تقارير نشرات الأخبار .....

إدراج *Clip Art* -:

لإدراج **Clip Art** إلى ملفك قم بفتح التبويب Insert ، ثم أتجه بنظرك إلى مربع الحوار ustrations ، ثم أنقر على **Clip Art** لينفتح لك مربع الحوار الموضح بالشكل رقم ١٦٢

شكل١٦٢

عندما ينفتح لك مربع الحوار هذا قم بكتابة نوعية الصورة فى مربع النص Search for ، فى الشكل الموضح مكتوب كلمة Animals ، بعد أن تكتب ما تريد ، أنقر على الزر Go حتى يبحث لك عن ما تريده ،و بعد أن تظهر النتائج لا عليك سوى أن تتنقل بينها بواسطة Scroll bar حتى تجد الصورة التى تريدها ، ثم أنقر عليها نقرة واحدة بزر الفأرة الأيسر حتى تجدها مدرجة فى ملفك ......

إذا أردت أن يتم البحث فى مجموعتك الخاصة فقط قم بالنقر على السهم الموجود فى نهاية مربع النص Search in حتى تنفتح لك قائمة شكلها كالموضح بالشكل رقم ١٦٣ :-

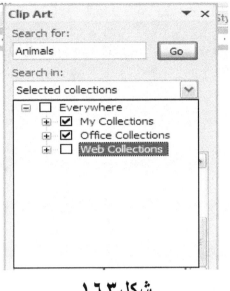

شكل١٦٣

لا تختار Everywhere فقط أختر My Collections و Office Collections،أما إذا أردت أن يشمل البحث الإنترنت أيضاً قم باختيار Web Collections .... ،يمكنك أيضاً أن تتحكم فى نوعية الأشياء التى عليه أن يقوم بالبحث فيها ، حيث أن الوورد يبحث فى كل الأشياء مثل الأفلام و الأصوات و كذلك الصور ، لذا إن أردت التحكم فى ذلك فقم بالنقر على السهم الموجود فى نهاية مربع النص Results should be حتى تنفتح لك قائمة شكلها كالموضح بالشكل رقم ١٦٤ :-

شكل١٦٤

قم بتحديد النوعية التى تتناسب مع العنصر الذى تريد إدراجه فى ملفك ....

استخدام *Clip Organizer* -:

أنظر إلى أسفل مربع الحوار Clip Art فسوف تجد ما يشبه Link تسمى Organize Clips ، هذه الخاصية مفيدة جداً ، حيث تقوم بعرض التطبيقات المدرجة مع الأوفيس ....، للاستفادة منها أنقر عليها حتى ينفتح لك مربع الحوار الموضح بالشكل رقم ١٦٥ -:

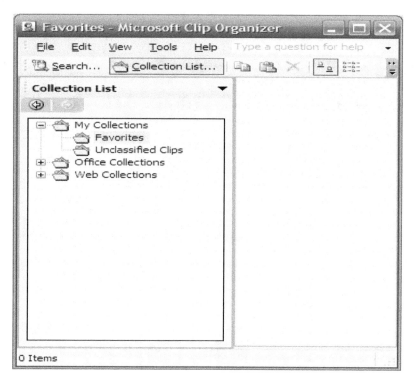

شكل١٦٥

أنقر على القائمة File ثم أختر Add Clips to Organizer هذه العناصر المضافة سوف تكون مفيدة جداً بالنسبة لك.

<u>الفصل التاسع</u>

Smart Art

إن Smart Art هى الشكل الجديد و المتطور لـ Insert Diagram و Insert Organization اللذان كانا موجودان فى وورد ٢٠٠٣ و كل إصدارات وورد السابقة ، لذا سوف تلاحظ أن أشكالهم قد تطورت كثيراً بشكل مذهل ، كما أضيفت عليهم بعض التأثيرات ثلاثية الأبعاد 3-D ..... فهيا لنتعلم كيفية التعامل معها ....

<u>إدراج *Smart Art* : -</u>

لإدراج Smart Art إلى ملفك قم بفتح التبويب Insert ، ثم أذهب إلى مربع الحوار Illustration ، و أنقر على Smart Art ، حتى ينفتح لك مربع حوار شكله كالموضح بالشكل رقم ١٦٦ : -

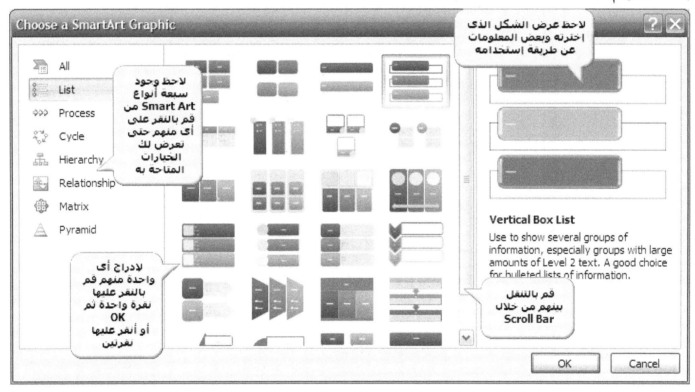

<u>شكل١٦٦</u>

** أى شكل من أشكال Smart Art يمكنك استخدام الخاصية Wrapping Text معه بخياراتها المتعددة .....

الكتابة فى Smart Art :-

بعد أن قمت بإدراج Smart Art داخل ملفك سوف تلاحظ ظهور الشكل رقم ١٦٧ فى صفحتك :-

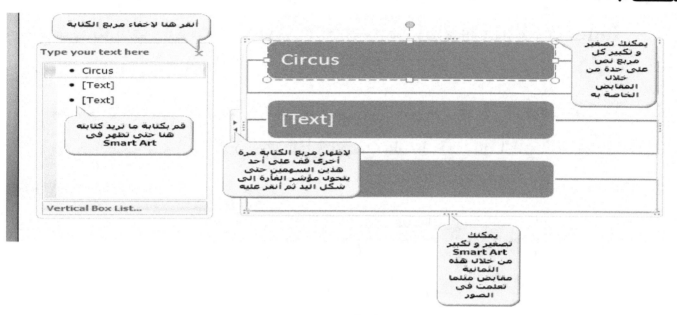

شكل١٦٧

كما ستلاحظ أيضاً ظهور مايسمى بـ SmartArt Tools على الـ Ribbon ، وأنه يحتوى على تبويبين هما Design , Format .

بعض القواعد للتعامل مع Smart Art :-

١- للتنقل بين مربعات النصوص الصغيرة الموجودة فى لوحة الكتابة أستخدم السهمين العلوي و السفلى الموجودين فى

لوحة المفاتيح، أما السهمين الأيسر و الأيمن فأستخدمهم للتنقل خلال النص.

٢- لإضافة مربع نص جديد قف على مربع النص داخل لوحة الكتابة الذى تريد آخر أسفله و أضغط Enter .

٣- لإخفاء أحد مربعات النص قف بداخله داخل لوحة الكتابة و أضغط على الزر Tab ، أما لإظهاره مرة أخرى أضغط على الزرين Shift + Tab .

٤- لمسح أحد مربعات النص قم باختياره من خلال لوحة الكتابة و أضغط على الزر Backspace .

٥- لتنسيق النصوص من حيث نوع الخط وحجمه قم باختيار النص فى مربع النص الموجود داخل لوحة الكتابة و أستخدم شريط الأدوات الصغير The Mini Tool Bar ، لاحظ أن جميع التنسيقات التى تعلمتها لتنسيق الجمل و الكلمات و القطع الكلامية تسرى على مربعات النص الخاصة ب Smart Art ماعدا Indents , Bullets and Numbering , Styles .

٦- يمكنك الاستغناء عن لوحة الكتابة بالكامل ، و ذلك عن طريق الوقوف على مربع النص الذى تريد الكتابة فيه ، ثم النقر بزر الفأرة الأيمن عليه لتظهر لك القائمة الموضحة بالشكل رقم ١٦٨ :-

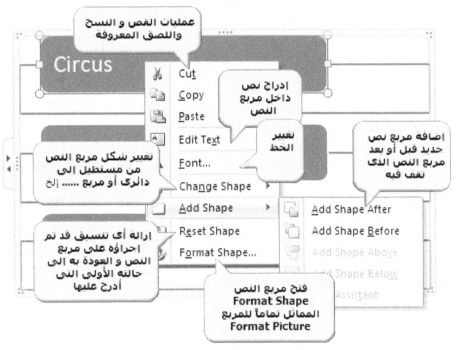

شكل١٦٨

٧- يمكنك تغيير شكل المخطط الذى اخترته إذا رأيت أنه لا يناسب بياناتك و ذلك عن طريق مربع الحوار Layout الموجود فى التبويب Design فى SmartArt Tools ، الموضح بالشكل رقم ١٦٦ :-

شكل١٦٩

و إذا قمت بالنقر على السهم More الموضوع حوله دائرة فسوف تنفتح لك قائمة تحتوى على أشكال أخرى عديدة، أنظر الشكل رقم ١٧٠ :-

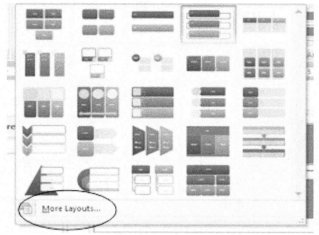

شكل ١٧٠

** و لأنك لست ملتزماً بنفس الفئة التى اخترتها التى هى List ، قم بتغييرها عن طريق النقر على الأمر More Layout الموجود فى نهاية القائمة و موضوع حوله دائرة ، حتى ينفتح لك مربع الحوار Choose SmartArt Graphic الذى أنفتح لك فى بداية الأمر لتختر منه الفئة الجديدة التى تريدها مثل Process , Cycle ....

٨- استخدام مربع الحوار Smart Art Styles :-   أنظر الشكل رقم ١٧١ ......

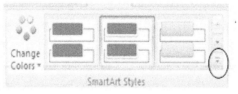

شكل ١٧١

كما تلاحظ فهو يحتوى على أداتين فقط ......

الأداة الأولى هى SmartArt Styles ، و تستخدم لتغيير شكل الـ Smart Art الخاص بك ، و عند النقر على السهم More الموضوع حوله دائرة بالشكل تنفتح لك الاختيارات المتاحة ، كما ستلاحظ أن بعضها ذو تأثيرات ثلاثية الأبعاد 3-D ، أنظر الشكل رقم ١٧٢ الذى يوضح تأثير الأسلوب ثلاثي الأبعاد على الشكل الذى كنا نعمل فيه :-

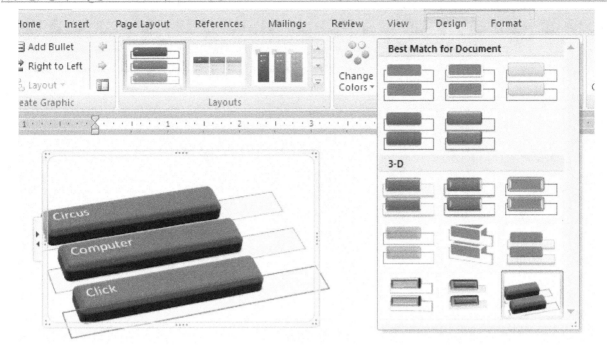

شكل١٧٢

الأداة الثانية هى Change Colors ، و من أسمها عرفنا أنها تستخدم لتغيير الألوان ... لذا فعند النقر عليها تنسدل لك قائمة بالألوان المتاحة ، كما أنها تتمتع بخاصية ظهور التأثير على الشكل بمجرد المرور فوقها بمؤشر الفأرة ......، أنظر الشكل رقم ١٧٣ :–

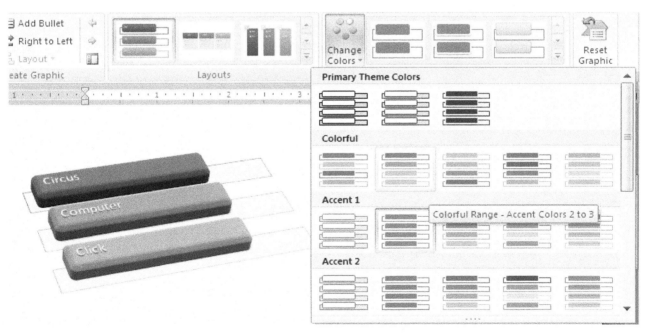

شكل١٧٣

٩- استخدام التبويب Format فى *SmartArt Tools* -:

أنظر الشكل رقم ١٧٤ :-

شكل١٧٤

أولاً : مربع الحوار Shapes -:

* Edit in 2-D :-

سوف يعطى الشكل تأثيراً مثل بعدين 2-D .

* Change Shape :-

سوف يفتح لك قائمة بالأشكال المتاحة فى الوورد لتغيير شكل مربع النص من مستطيل إلى دائرى أو مربع .. الخ.

* Make Larger or Smaller :-

تصغير أو تكبير الشكل الذى تختاره .

ثانياً : مربع الحوار Shape Style -:

* Shape Style Gallery :-

أختر منه الشكل و اللون و التأثير الذى يعجبك لإضفائه على مربع النص .

* Shape Fill :-

أختر اللون أو التأثير الذى يعجبك لإضفائه على مربع النص .

* Shape Outline :-

أختر اللون و الشكل الذى يناسبك للإطار المحيط بمربع النص .

* Shape Effects :-

أختر التأثير الذى يعجبك لمربع النص مثل وضع ظلال له أو تنعيم حوافه أو إعطاؤه تأثير ثلاثي الأبعاد .

ثالثاً : مربع الحوار WordArt Style :-

أختر منه شكلاً يعجبك لإضفائه على النصوص فى ملفك ، كما يمكنك تنسيقه من خلال بقية الأدوات الموجودة فى

نفس مربع الحوار ....

الفصل العاشر

إدراج أشكال هندسية *Insert Shapes*

سوف نتحدث فى هذا الفصل عن كيفية إدراج بعض الأشكال الهندسية مثل الدوائر و المثلثات و المربعات ...... الخ، و أيضاً عن كيفية تنسيقها و الكتابة فيها.....، و هذا الموضوع ليس بجديد على المستخدمين القدامى للوورد ، حيث اعتدنا فى وورد ٢٠٠٣ على الحصول على هذه الأشكال من خلال فتح القائمة Insert ثم اختيار AutoShapes ، أو قد تجدها فى شريط الأدوات أسفل الصفحة ....، والآن فى وورد ٢٠٠٧ لم يختلف الأمر كثيراً حيث أنك لكى تقوم بإدراج أى شكل هندسي إلى صفحتك يجب عليك أن تنقر على التبويب Insert ، ثم تذهب إلى مربع الحوار Illustration ، ثم تنقر على الأداة Shapes ، حتى تنفتح لك القائمة الموضحة بالشكل رقم ١٧٥ :-

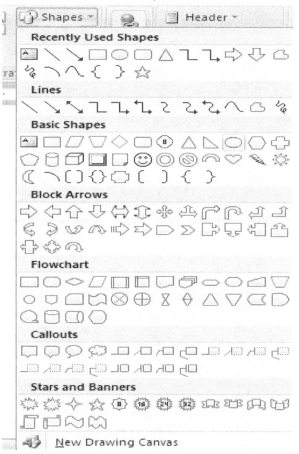

شكل ١٧٥

قم بالمرور بمؤشر الفأرة على كل هذه الأشكال، وعندما تستقر على شكل معين قم بالنقر عليه، ثم ستجده موجوداً على صفحتك.........لدائرة. لنختر مالدائرة.لدائرة ....،

ماذا تلاحظ ؟؟؟؟؟؟؟؟   سوف تلاحظ ظهور تبويب جديد على الـ Ribbon من النوعية

Contextual Tabs يسمى Drawing Tools

يندرج منه تبويب واحد فقط هو Format و هو التبويب الخاص بتنسيق تلك الأشكال

.... ، لعلك لاحظت عندما أدرجت الشكل الدائرى إلى صفحتك أنه يحتوى على نفس

الثمانية مقابض الخاصة بالتكبير و التصغير التى كنا قد سبق و تحدثنا عنها فى الجزء

الخاص بالصور ، كما أنه يحتوى أيضاً على المقبض الأخضر الخاص بعمل دوران للشكل ،

و فى الجزئية الخاصة بعملية التكبير و التصغير يمكنك تطبيق كل ما تعلمته عن هذه العملية

فى الفصل الخاص بالصور ..... ، و الآن لنبدأ معاً فى دراسة التبويب Format فى

Drawing Tools دراسة مفصلة ...

التبويب Format فى Drawing Tools :-

أنظر معى إلى الشكل رقم ١٧٦ لترى شكل هذا التبويب ....

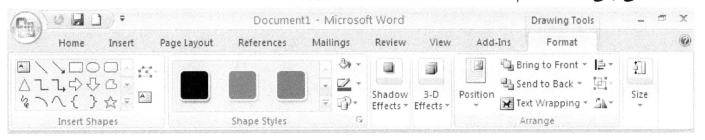

شكل١٧٦

أولاً : مربع الحوار Insert Shapes :-

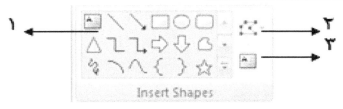

شكل١٧٧

كما هو موضح بالشكل رقم ١٧٧ يحتوى مربع الحوار Insert Shapes على ثلاثة أدوات

فقط.....

١- الأداة Insert Shapes:-

و هى تسمى بنفس أسم مربع الحوار لأنها تؤدى هذه الوظيفة ، يمكنك استخدامها لإدراج شكل آخر جديد إلى جوار الشكل السابق ، و إذا قمت بالنقر على السهم السفلى More سوف تنفتح لك نفس القائمة الموضحة بالشكل رقم ١٧٥ حتى تقوم باختيار الشكل الجديد .

٢- الأداة Edit Shape:-

سبق الحديث عن مثل هذه الأداة فى الفصل الخاص بالصور ، و هى تستخدم لتغيير الأبعاد المحددة للشكل ، حيث يمكنك جذبها يميناً و يساراً و للداخل و الخارج حتى يتم تغيير الشكل و كذلك تغيير الأبعاد بين النقاط المحددة للشكل .

٣- الأداة Edit Text:-

و هى تستخدم لتمكنك من كتابة نص داخل الشكل ، و عند النقر عليها سوف تلاحظ وضع الشكل بداخل مربع ، و أيضاً ظهور مؤشر الكتابة داخل الشكل ....، أنظر الشكل رقم ١٧٨ :-

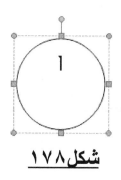

شكل١٧٨

** يمكنك أن تكتب نص داخل الشكل بطريقة أخرى...، وهى النقر بزر الفأرة الأيمن على الشكل ثم اختيار Add Text ثم ستلاحظ ظهور نفس التغيرات الموضحة بالشكل رقم ١٧٨ ، يمكن أيضاً أن تستخدم نفس أنواع التنسيق التى سبق و تعلمتها فى الفصول الأولى من الكتاب على أى جمل موجودة بداخل الشكل مثل تغيير الخط و الاتجاهات و اللغة .... الخ ،و ذلك عن طريق الأدوات المختلفة الموجودة فى أى تبويب من التبويب ، أShapes.ق شريط الأدوات الصغير The Mini Tool Bar ،ألم تلاحظ أى تغيير آخر

حدث فى التبويب Format ؟؟؟ بالطبع هناك تغيير هو ظهور مربع الحوار Text بدلاً من مربع الحوار Insert Shapes ...، أنظر الشكل رقم ١٧٩ :-

شكل١٧٩

يحتوى مربع الحوار هذا على أربعة أدوات هى على الترتيب :-

١- Draw Text Box :-

و هى تستخدم لرسم مربع لكتابة نص بداخله ، لذا عند النقر عليها سوف تلاحظ ظهور مربع يحتوى على مؤشر الكتابة بداخله دون الحاجة إلى النقر على الأداة Edit Text .

٢- Text Direction :-

و هى تستخدم لتغيير اتجاه النص كما سبق و درسنا فى الفصول الأولى من هذا الكتاب ، و إذا أردت أن تتذكر ما تفعله هذه الأداة قم بالنقر عليها وجرب لتتذكر وظيفتها مرة ثانية ، أو راجع الفصل السادس الخاص بالجداول

٣- Create Link :-

تستخدم هذه الأداة لعمل رابطة بين شكلين ....، لاستخدامها أتبع الخطوات التالية :-

١- قم بكتابة أى كلمة داخل الدائرة التى كنا قد رسمناها سوياً و لتكن كلمة (Word 2007) و لتكن مكتوبة على سطرين كما هو موضح بالشكل رقم ١٨٠ :-

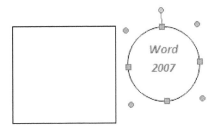

شكل١٨٠

٢- قم برسم Text Box و أتركه خالياً لا تكتب فيه شيئاً.

٣- قم بتنشيط الدائرة المكتوب بداخلها الكلام ، ثم أنقر على الأداة Create Link ، ماذا تلاحظ ؟؟؟؟

سوف تلاحظ تحول شكل مؤشر الفأرة فى الصفحة إلى شكل كوب مرسوم عليه سهم اتجاهه لأسفل ، وعندما تقف به داخل المربع الخالي سوف تلاحظ انقلاب هذا الكوب حتى يفضى ما بداخله ، ثم أنقر فى داخل المربع حتى تلاحظ تحول الشكل رقم ١٨٠ إلى الشكل رقم ١٨١

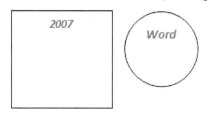

شكل ١٨١

٤ – Break Link :-

بعد أن قمت بتنفيذ كل الخطوات المذكورة فى الأداة رقم ٣ ، سوف تلاحظ تنشيط الأداة رقم ٤ ، و ذلك لأنها تستخدم لإبطال مفعول الأداة رقم ٣ ، أى لكسر الرابطة التى صنعناها فى السطور السابقة .

ثانياً : مربع الحوار *Shape Styles* :-

شكل ١٨٢

كما هو موضح بالشكل رقم ١٨٢ فإن مربع الحوار Shape Styles يحتوى على خمسة أدوات هى :-

١ – الأداة Shape Styles :-

و هى تحتوى على بعض الأنماط المتاحة التى يمكنك أن تختارها للشكل الخاص بك ، و عند النقر على السهم الصغير More الموجود بأسفل سوف تلاحظ انسدال قائمة تحتوى على كل الأنماط المتاحة لك ، كما ستلاحظ أيضاً أنك يمكنك ملاحظة التغيرات على الشكل بمجرد المرور بمؤشر الفأرة فوق هذه الأنماط المختلفة ....، و عندما تستقر على نمط معين أنقر عليه حتى يتحول الشكل إلى هذا النمط........، أنظر الشكل رقم ١٨٣ :-

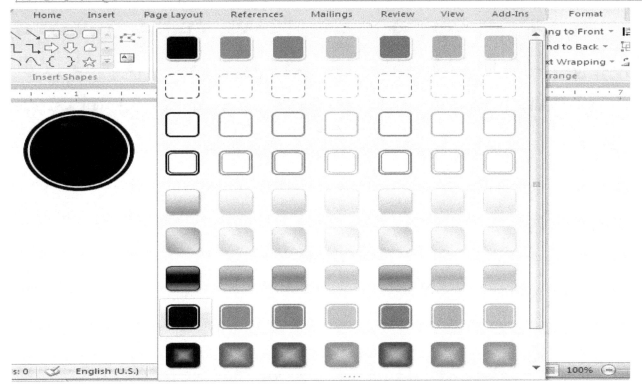

شكل١٨٣

٢ – الأداة Shape Fill :-

و هذه الأداة هى المسئولة عن الشكل الداخلى للدائرة أو أيا كان الشكل الذى اخترته ، لذا عن النقر عليها تنسدل لك القائمة الموضحة بالشكل رقم ١٨٤ :-

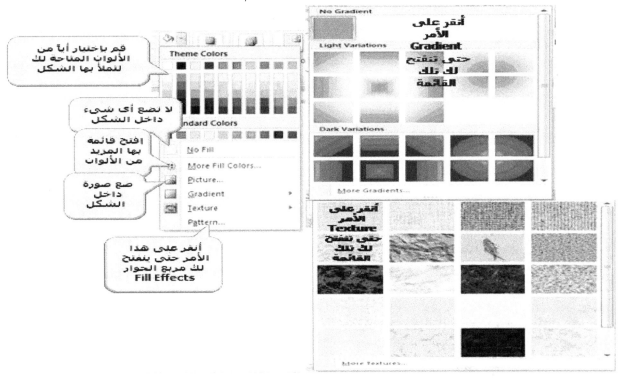

شكل١٨٤

٣ – الأداة Shape Outline :-

و هى الأداة المسئولة عن تحديد الشكل الإطار المحيط بالشكل الهندسى و سمكه وما إلى ذلك،أنظر الشكل رقم ١٨٥:-

شكل١٨٥

٤ – الأداة Change Shape :-

و هى تستخدم لتغيير الشكل ، لذا عند النقر عليها سوف تنفتح لك قائمة مثل تلك الموضحة بالشكل رقم ١٧٥ .

٥ – السهم Advanced Tools :-

هو السهم الصغير الموجود فى أقصى يمين مربع الحوار ، و عند النقر عليه يظهر لك مربع الحوار Format AutoShape الموضح بالشكل رقم ١٨٦ :-

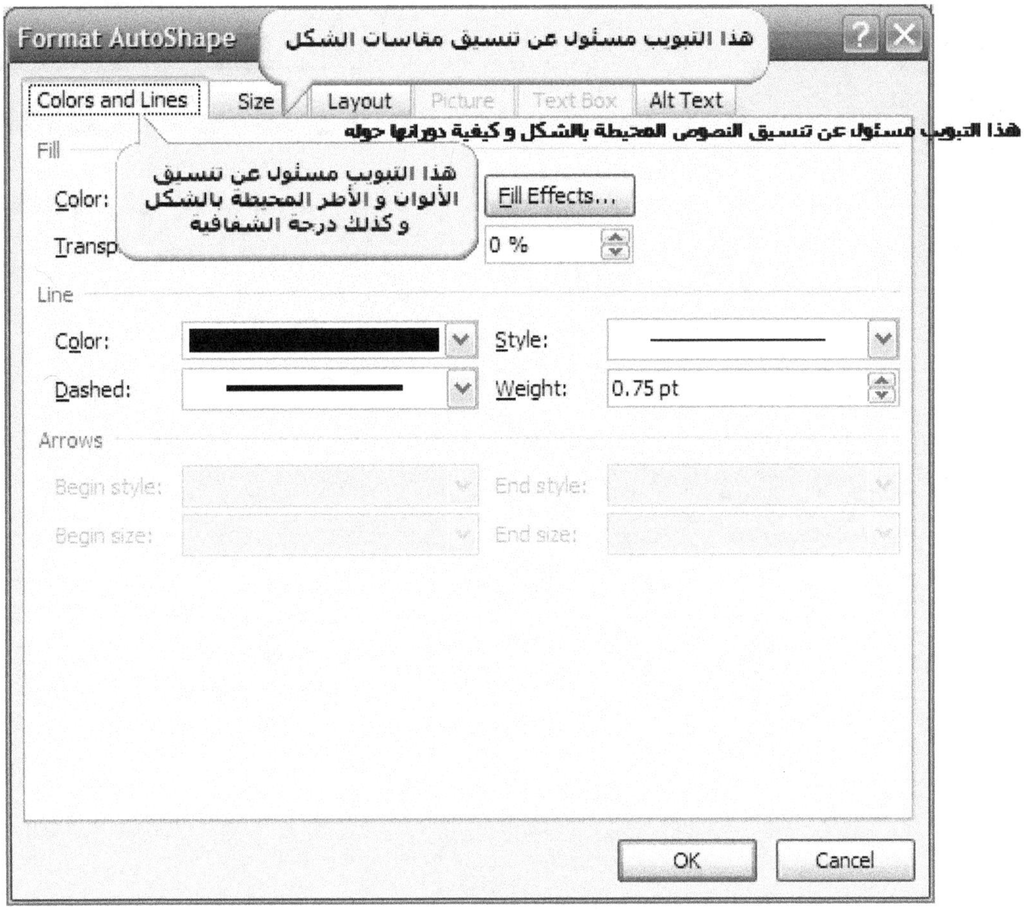

Format AutoShape
هذا التبويب مسئول عن تنسيق مقاسات الشكل
Colors and Lines
Size
Layout
Picture
Text Box
Alt Text
هذا التبويب مسئول عن تنسيق النصوص المحيطة بالشكل و كيفية دورانها حوله
Fill
Color:
هذا التبويب مسئول عن تنسيق الألوان و الأطر المحيطة بالشكل و كذلك درجة الشفافية
Fill Effects...
Transp
0 %
Line
Color:
Style:
Dashed:
Weight:
0.75 pt
Arrows
Begin style:
End style:
Begin size:
End size:
OK
Cancel

شكل١٨٦

ثالثا : مربع الحوار Shadow Effects :-

Shadow Effects
3-D Effects
Positio
Shadow Effects
Shadow Effects

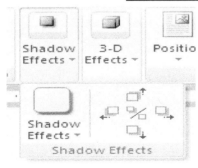

شكل١٨٧

كما يتضح من الشكل ١٨٤ أن مربع الحوار Shadow Effects لا يحتوى سوى على أداتين فقط...!!، و أنك يجب أن تنقر عليه حتى تظهر هاتان الأداتان، و هاتان الأداتان هما:-

١- الأداة Shadow Effects:-

و هى الأداة المسئولة عن وضع ظلاً للشكل ، و عند النقر عليها تنسدل لك قائمة تحتوى على الأشكال و الطرق المختلفة التى يمكنك أن تستخدمها فى وضع ظل للشكل الخاص بك ،

و تتميز هذه الأداة بأنك يمكنك استعراض كل هذه الطرق عن طريق المرور فوقها بزر الفأرة حيث ترى التأثيرات الجديدة موضحة على الشكل ، وعندما تستقر على أياً منهم قم بالنقر عليه حتى يتم تطبيقه على الشكل .... أنظر الشكل رقم ١٨٨ :-

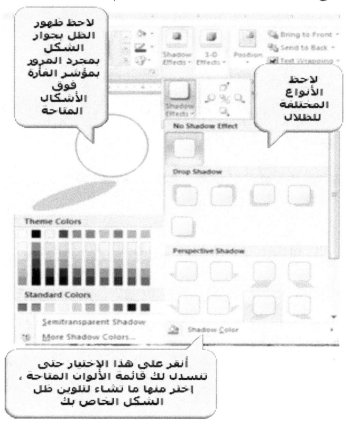

شكل١٨٨

٢- مجموعة الأدوات Nudge Shadow :-

وهى مجموعة أدوات مسئولة عن توجيه الظل يميناً ويساراً و لأسفل و لأعلى ... أنظر الشكل رقم ١٨٩ :-

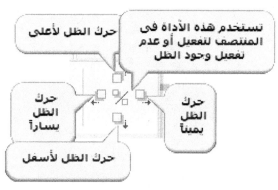

شكل١٨٩

رابعا : مربع الحوار 3-D Effects -:

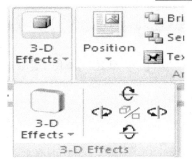

<u>شكل ١٩٠</u>

كما يتضح من الشكل ١٨٧ أن مربع الحوار 3-D Effects لا يحتوى سوى على أداتين فقط....!!، و أنك يجب أن تنقر عليه حتى تظهر هاتان الأداتان، و هاتان الأداتان هما:-

١- الأداة 3-D Effects :-

و هى المسئولة عن وضع تأثير ثلاثى الأبعاد للشكل ، و تتميز بأنها و كل إختياراتها يمكنك أن ترى تأثيراتهم على الشكل بمجرد المرور بزر الفأرة عليهم أنظر الشكل رقم ١٩١ :-

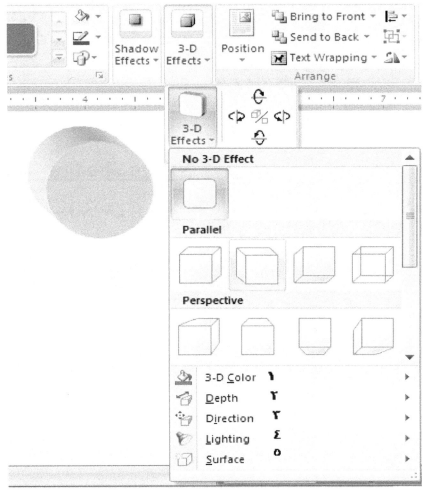

<u>شكل ١٩١</u>

١٥١

١- الأداة 3-D Color :-

و هى الأداة المسئولة عن تلوين الشكل بعد تحويله إلى شكل ثلاثى الأبعاد ....، كما أنك سوف تلاحظ ظهور تأثير للون على الشكل بمجرد مرورك فوقه بمؤشر الفأرة ....، أنظر الشكل رقم١٩٢ :-

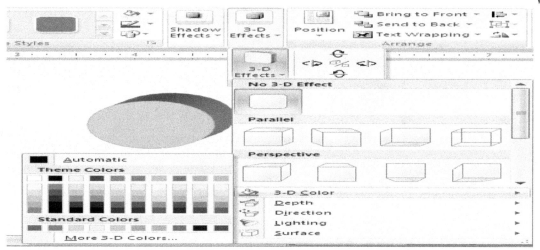

شكل١٩٢

٢- الأداة Depth :-

وهى المسئولة عن تحديد مدى عمق الشكل ، و أيضاً يظهر التأثير بمجرد مرور مؤشر الفأرة... أنظر الشكل رقم١٩٣:-

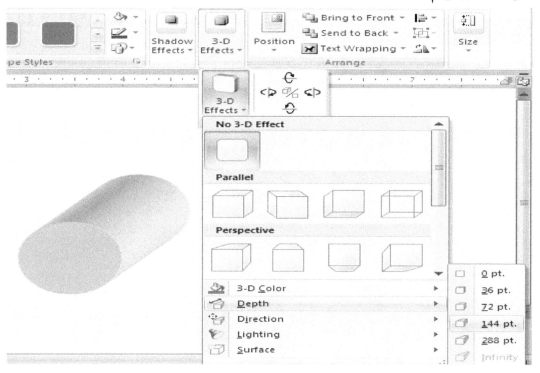

شكل١٩٣

٣- الأداة Direction :-

و هى المسئولة عن تحديد اتجاه العمق الخاص بالشكل ثلاثى الأبعاد و يظهر أيضاً التأثير عليها بمجرد المرور فوقها بزر الفأرة ، أنظر الشكل ١٩٤ :-

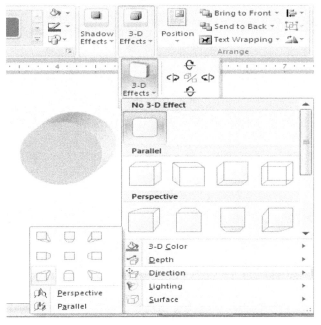

شكل ١٩٤

٤- الأداة Lighting :-

أداة تحدد اتجاه توجيه الضوء إلى الشكل،لاحظ ظهور التأثير على الشكل بمجرد المرور فوقه بمؤشر الفأرة،أنظرالشكل١٩٥:-

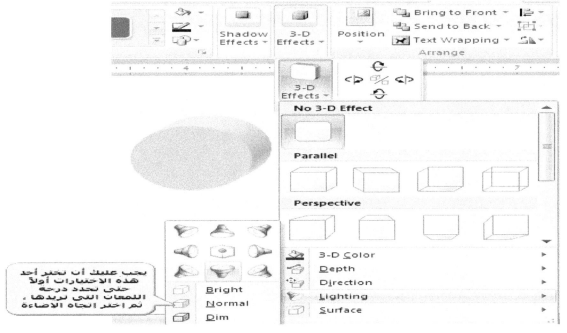

شكل ١٩٥

٥- الأداة Surface :-

هذه الأداة مسئولة عن المظهر الخارجى أو السطحى للشكل ثلاثى الأبعاد ، لذلك ترى الاختيارات بداخلها عبارة عن إظهار هذا السطح بشكل بلاستيكي أو معدني أو على هيئة إطار سلكي ، قم بالمرور فوق هذه الاختيارات بمؤشر الفأرة لترى تأثيراتها على الشكل.. أنظر الشكل رقم ١٩٦ :-

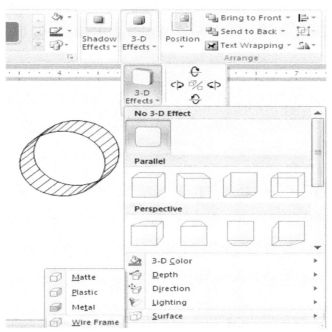

<u>شكل١٩٦</u>

٢- مجموعة الأدوات Title The Shape :-

و هى الأداة المسئولة عن توجيه امتداد الشكل ثلاثي الأبعاد أو إزالة التأثير ثلاثي الأبعاد من على الشكل تماماً ، أنظر الشكل رقم ١٩٧ :-

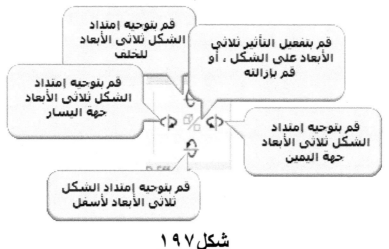

<u>شكل١٩٧</u>

خامسا : مربع الحوار *Arrange* :-

هو نفس مربع الحوار **Arrange** الموجود فى التبويب **Page Layout** ، و أيضاً الموجود فى التبويب الخاصة بتنسيق الصور ، إذا أردت قراءته بالتفصيل راجع الفصل السابع الخاص بالصور .

سادساً : مربع الحوار *Size* :-

وهو مربع الحوار المسئول عن تحديد المقاسات الخاصة بالشكل من حيث العرض و الارتفاع، أنظر الشكل رقم ١٩٨ :-

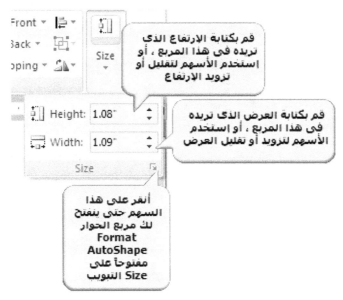

شكل١٩٨

الفصل الحادى عشر

كيفية عمل فهرس للملف

و الآن بعد أن قمت بالكتابة و التنسيق و إدراج صور و جداول و أشكال هندسية ....، لعلك الآن قد حصلت على ملف كبير يحتوى على العديد من الصفحات، لذا لابد و أن تقوم بعمل فهرس للملف.... فمثلاً إذا كنت قد قمت بكتابة ملف كبير مثل هذا الكتاب فأنت يجب عليك أن تصنع له فهرساً حتى تسهل على القارئ التنقل بين صفحاته........

و لكى تصنع فهرساً لملفك يجب أن يتوافر لديك شيئان فى الملف هما :-

١- أن تكون قد قمت بترقيم الصفحات (راجع الجزء الخاص بترقيم الصفحات فى الفصل الخامس) .

٢- أن تقوم بتغيير الـ Style الخاص بكل العناوين الهامة فى الملف التى تريد إدراجها فى الفهرس إلى Heading1 ،

أما العناوين التى تندرج تحت العناوين السابقة فلتعطها النمط Heading2 ، و العناوين الى تندرج تحتها فلتأخذ النمط Heading3 (راجع الفصل الثالث ، الجزء الخاص بالأنماط Styles) .... فلنأخذ مثالاً ....

* مايكروسوفت أوفيس وورد ٢٠٠٧ :-
Heading1
- الفصل الأول : الواجهة الجديدة لبرنامج الوورد ٢٠٠٧ :-
Heading2
- أولاً : زر الأوفيس **The Office Button** :-
Heading3

كما لاحظت من خلال المثال السابق أننا قمنا بتقسيم العناوين الرئيسية داخل الكتاب إلى ثلاثة مستويات ....، حيث أسم الكتاب هو المستوى الأول ، و أسم الفصل هو المستوى الثانى ، و أول بند مكتوب داخل الفصل هو المستوى الثالث ...

خطوات إدراج الفهرس:-

١- اختيارا شكل الفهرس:-

بعد أن قمت بتنسيق عناوين الملف كما هو موضح فى البند السابق ،قم بالوقوف بمؤشر الكتابة فى المكان الذى تريد أن تقوم بإدراج الفهرس فيه ، وهو غالباً ما يكون الصفحة الأولى أو الأخيرة فى الملف ، ثم قم بفتح التبويب References ، ثم أنظر إلى أول مربع حوار فيه من اليسار و هو Table of Contents ، أنظر الشكل رقم ١٩٩ :-

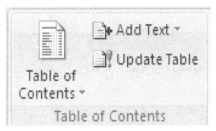

شكل ١٩٩

أنقر على الأداة الأولى من اليسار Table of Contents حتى تنسدل لك القائمة الموضحة بالشكل رقم ٢٠٠ لتعرض عليك أنواع الفهارس المتاحة التى يمكنك استخدامها ....

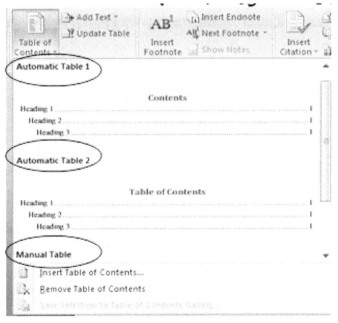

شكل ٢٠٠

كما لاحظت من الشكل السابق فهناك ثلاثة أنواع من الفهارس يتيحها لك وورد ٢٠٠٧ ، وهى التى رأيتها بالشكل السابق موضوعة داخل دائرة ، و هى على الترتيب :-

١- Automatic Table 1 :-

عند النقر عليه سوف يندرج لك فهرساً يحتوى على كل العناوين التى قمت أنت بإعطائها التنسيق الخاص بالعناوين و أمامها رقم الصفحة الخاص بها ... أنظر الشكل رقم ٢٠١ :-

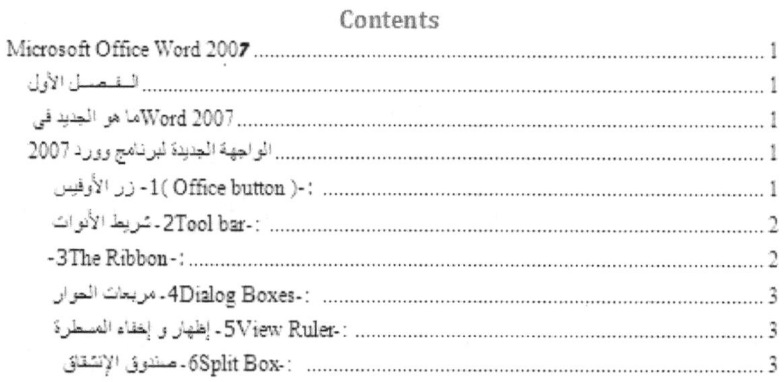

<u>شكل ٢٠١</u>

لاحظ أنك يمكنك الوقوف فوق كلمة Contents و النقر عليها لتغييرها إلى أى كلمة تريدها مثل (الفهرس أو فهرس الموضوعات .... الخ).

٢- Automatic Table 2 -:

و هو لا يختلف كثيراً عن سابقه فهو يقوم أيضاً بإدراج كل العناوين المنسقة بالتنسيق الخاص بالعناوين.

٣- Manual Table الفهرس اليدوى :-

و يتميز هذا النوع بأنك يجب عليك أن تقوم أنت بكتابة العناوين و أرقام الصفحات يدوياً ، حيث أنك عند النقر عليه سوف ينسدل لك فهرساً كالموضح بالشكل رقم ٢٠٢ :-

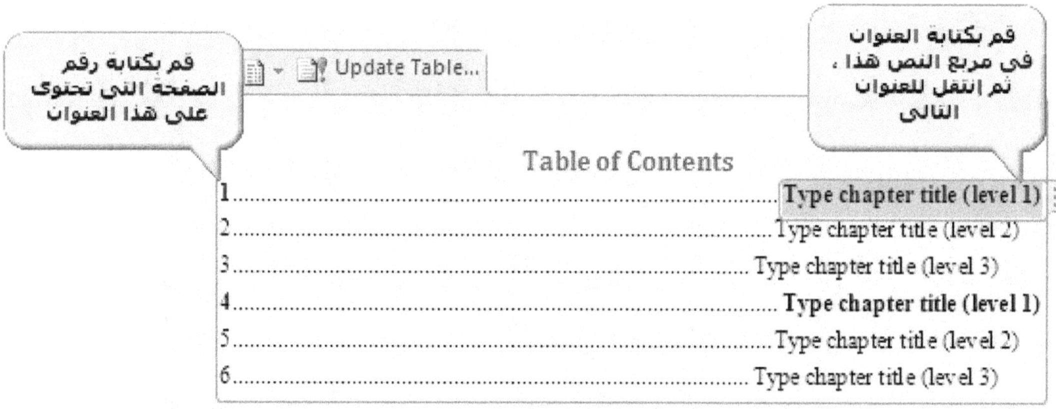

قم بكتابة رقم الصفحة التى تحتوى على هذا العنوان

قم بكتابة العنوان فى مربع النص هذا ، ثم انتقل للعنوان التالى

▤ ▾   📄 Update Table...

Table of Contents

1 .... Type chapter title (level 1)

2 .... Type chapter title (level 2)

3 .... Type chapter title (level 3)

4 .... Type chapter title (level 1)

5 .... Type chapter title (level 2)

6 .... Type chapter title (level 3)

<u>شكل ٢٠٢</u>

٢ – البحث عن الموضوعات من خلال الفهرس :-

بعد إن قمت باختيار نوعية الفهرس التى تناسبك يجب عليك الآن أن تتعلم كيفية الاستفادة منه ، و أهم فائدة له هى أنك إذا أردت أن تقرأ موضوع معين فى الكتاب ليس عليك أن تبحث داخل الكتاب كله ، أو تستخدم الخاصية Find حيث أنك ربما تنسى و تكتب أسم الموضوع خطأ ، و لكن كل ما عليك هو أن تنظر إلى الفهرس و تبحث عن الموضوع الذى تريده ثم تقف على الفهرس وتنقر عليه حتى يظهر لك الشكل رقم ٢٠٣ :-

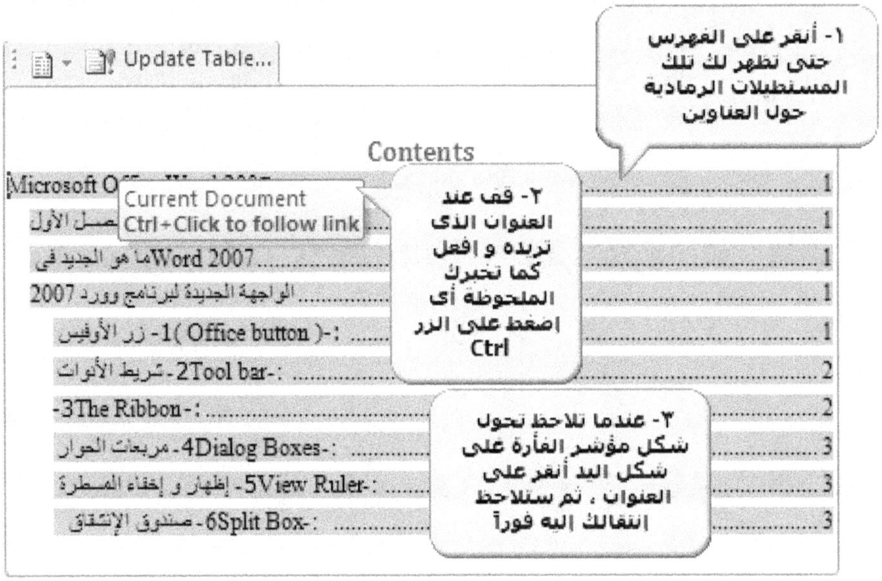

شكل٢٠٣

٣ – تعديل الفهرس:-

لعلك الآن تتساءل : ماذا لو قمت بتعديل فى العناوين داخل الملف ، مثل أن قمت بحذف أحدهم ، أو إضافة عناوين جديدة ، ماذا أفعل لأخبر الفهرس بتلك التعديلات ؟؟؟؟ سأجيبك بأنك لو نظرت معى إلى الشكل رقم ١٩٩ الذى يوضح مربع الحوار Table of Contents سوف تلاحظ وجود أداة أخرى فيه تسمى Update Table و هى المسئولة عن إضافة كل التعديلات والتغيرات التى تجريها على الملف فى الفهرس ، و أيضاً إذا نظرت معى للشكلين ٢٠٢ و ٢٠٣ سوف تلاحظ ظهور هذه الأداة بأعلى الفهرس ....

أى أنك يمكنك الحصول عليها أيضاً من خلال النقر على الفهرس حيث ستراها ظاهرة بأعلاه ....، و عند النقر عليها يظهر لك مربع الحوار الموضح بالشكل رقم ٢٠٤ :-

شكل ٢٠٤

٤- تغيير شكل الفهرس :-

لعلك لاحظت عند النقر على الفهرس ظهور أداة أخرى بأعلى الفهرس غير الأداة Update Table ، هذه الأداة هى Table of Contents و هى نفس الأداة الموجودة فى مربع الحوار Table of Contents و عند النقر عليها سوف تنسدل لك نفس القائمة الموضحة بالشكل رقم ٢٠٠ ، وهى تستخدم لكى يمكنك تغيير نوع الفهرس بسرعة وبسهولة .

٥- إزالة الفهرس:-

أنظر معى مرة أخرى إلى الشكل رقم ٢٠٠ حيث القائمة المنسدلة من الأداة Table of Contents ، سوف تلاحظ وجود أمرين أسفل أنواع الفهارس و هما :-

١- Insert Table of Contents :-

عند النقر عليه ينفتح لك مربع الحوار Table of Contents و الذى اعتدت رؤيته فى الوورد ٢٠٠٣ عندما تفتح القائمة Insert ثم تدخل على References ثم تختر Index and Tables حيث يظهر لك مربع الحوار Index and Tables ثم تفتح التبويب Table of Contents لتختر التنسيق المناسب للفهرس الخاص بملفك .

٢- Remove Table of Contents :-

و هو يستخدم لإزالة الفهرس من الملف تماماً ، فليس عليك سوى النقر على هذا الأمر و لن ترى الفهرس فى الملف .

ঙ৯৩ঙ৯৩ঙ৯৩ঙ৯৩ঙ৯৩ঙ৯৩

الفصل الثاني عشر

التبويب *References*

هذا التبويب هو المسئول عن عمل قائمة مراجع للملف و أيضاً عمل هوامش له، و هذه الخواص تستخدم إذا كنت تكتب كتاباً مثل كتابنا هذا أو إذا كنت تكتب بحثاً....،و أيضاً يجب عليك أن تلاحظ أن الهوامش التى نتحدث عنها هنا تختلف تماماً عن تلك التى تحدثنا عنها فى الفصل الخاص بالهوامش العلوية و السفلية Header & Footer .... ، حيث أن Header & Footer كانت مخصصة لتكتب فيها أرقام الصفحات أو عنوان الشركة.. الخ أما الهوامش التى سنتحدث عنها فى هذا الفصل فهى ما تسمى فى لغة الباحثين " بالحواشي " حيث تحتوى على بعض التعليقات على نقاط معينة ، و أيضاً ملحوظات عن المراجع الأصلية و مؤلفوها و ما إلى ذلك ...و الآن لنبدأ معاً حتى نفهم أكثر.........، أنظر إلى الشكل رقم ٢٠٥ الذى يوضح شكل التبويب References :-

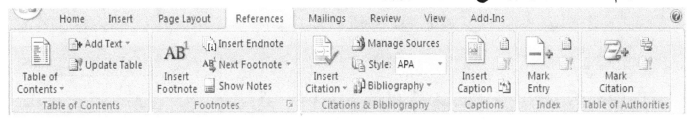

شكل٢٠٥

نلاحظ معاً أن التبويب References مقسم إلى ستة مربعات حوار ....، الأول هو Table of Contents و هو المسئول عن عمل فهرس للملف و قد تمت دراسته فى الفصل الحادى عشر ....

<u>أولاً : مربع الحوار *Footnotes* :-</u>

مربع الحوار Footnotes هو المسئول عن عمل الحواشي فى الكتاب ، وهو يحتوى على خمسة أدوات كما هو موضح بالشكل رقم ٢٠٦ :-

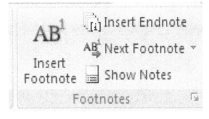

شكل٢٠٦

<u>١- الأداة Insert Footnote :-</u>

تستخدم هذه الأداة لعمل حواشي فى أى صفحة من صفحات الملف ، حيث أنه ليس ضرورياً أن تحتوى كل صفحات الملف على حواشي ، فلنجرب عملياً كيفية استخدامها .....

* قف بمؤشر الكتابة عند الكلمة التى تريد إضافة مرجع أو ملحوظة لها .

* أنقر على الأداة Insert Footnote ... ماذا تلاحظ ؟؟؟؟؟؟؟؟

سوف تلاحظ ظهور الجزء الخاص بالحواشي فى أسفل الصفحة التى وقفت عندها دون غيرها ، و كذلك سوف تلاحظ ظهور الرقم ١ إلى جوار الكلمة التى وقفت عندها .... ، هذا بالإضافة إلى انك إذا قمت بالمرور بمؤشر الفأرة إلى جوار الرقم ١ الموجود إلى جوار الكلمة التى أردت أن تكتب مرجع لها فسوف تلاحظ ظهور مربع أزرق صغير يوضح لك ما هى الملحوظة المكتوبة أسفل الصفحة ....، أنظر الشكل رقم ٢٠٧ :-

شكل٢٠٧

٢ – الأداة Insert Endnote :-

هذه الأداة تقوم بنفس عمل الأداة السابقة مع الفارق أنها لا تضع حواشي إلا فى آخر صفحة من الملف فقط ....!!!

و ذلك إذا كنت تريد أن تقوم بكتابة تعليق صغير على الكتاب أو ملحوظة صغيرة للقارئ....، و لاستخدامها لن تحتاج للوقوف إلى جوار أى كلمة لتحديد موقع الحواشي ، و لكن فقط أنقر عليها حتى تلاحظ ظهور مكان للحواشي فى آخر صفحة من الملف كما هو موضح بالشكل رقم ٢٠٨ :-

شكل ٢٠٨

٣- الأداة Next Footnote:-

و هى أداة تستخدم لسهولة التنقل بين الحواشي المختلفة فى الكتاب ، فإذا نقرت عليها سوف تنسدل لك قائمة تحتوى على أوامر مثل (أنتقل للحاشية السابقة) ، (أنتقل للحاشية التالية) و ما إلى ذلك ...، أنظر الشكل رقم ٢٠٩ :-

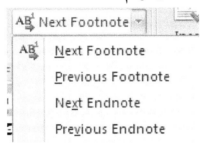

شكل ٢٠٩

٤- الأداة Show Notes :-

و هى أداة تستخدم لإظهار منطقة الحواشي سواء Footnote أو Endnote ، لذا عند النقر عليها يظهر لك مربع حوار يسألك ما إذا كنت تريد أن ترى منطقة Footnotes أم منطقة Endnotes ..، أنظر الشكل رقم ٢١٠ :-

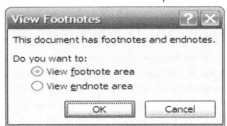

شكل ٢١٠

٥- السهم الصغير فى أقصى يمين مربع الحوار Footnotes :-

عندما تنقر على هذا السهم سوف ينفتح لك مربع الحوار الموضح بالشكل رقم ٢١١ :-

شكل٢١١

ينقسم مربع الحوار هذا إلى ثلاثة أقسام هم Location, Format, Apply Changes...

القسم الأول Location :-

هذا القسم مسئول عن تحديد موقع الحواشي سواء Footnote أو Endnote ، لذا لو نقرت على Footnote و فتحت القائمة التى يحتوى عليها السهم المقابل سوف تجد أن هناك الخيارات (Bottom of Page و الذى يمكنك من عمل الحواشي فى الجزء السفلى للصفحة) أما الخيار الثانى هو (Below Text الذى يمكنك من عمل الحواشي أسفل النص)،أما لو نقرت على Endnote و فتحت القائمة التى يحتوى عليها السهم المقابل فسوف تظهر لك الخيارات (End of document و الذى يمكنك من وضعها فى نهاية الملف كله) و الخيار الثانى (End of Section الذى يمكنك من وضع حاشية نهائية فى نهاية كل قسم) ، أما الزر Convert إذا نقرت عليه سوف يظهر لك مربع الحوار الموضح بالشكل رقم ٢١٢ :-

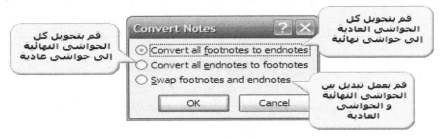

شكل ٢١٢

القسم الثانى Format -:

يحتوى على أربعة أوامر .....،

الأول هو Number Format وهو المسئول عن تنسيق شكل الأرقام داخل الحواشي ، لذا إذا نقرت على السهم الموجود فى المربع المقابل سوف تنسدل لك قائمة تحتوى على الأشكال المختلفة للترقيم مثل الأرقام الإنجليزية أو الحروف الإنجليزية أو الحروف العربية أو الأرقام اللاتينية .....،

الثانى فهو Custom Mark وهو يستخدم عندما تريد أن تستبدل الأرقام بالرموز مثل النجمة أو القلب و ما إلى ذلك لذا عندما تنقر على الزر Symbol المقابل سوف تنفتح لك قائمة بالرموز المتاحة .....،

الثالث هو Start at وهو يستخدم لتحدد له من أى رقم تريد أن تبدأ سواء من ١ أو أى رقم آخر ....،

الرابع Numbering مسئول عن تقسيم أرقام الحواشى داخل الملف ، لذا إذا نقرت على السهم الموجود فى المربع المجاور سوف تنسدل لك قائمة تحتوى على خياران هما (Continuous و هو المسئول عن جعل الأرقام تتسلسل داخل الملف من الفصل الأول حتى الفصل الأخير) أما الخيار الثانى فهو (Restart each Section و هو المسئول عن جعل الترقيم يبدأ من جديد مع كل قسم) ....،

القسم الثالث Apply Changes :-

هو المسئول عن جعل كل هذه التعديلات تتم فى كل الملف و ليست على صفحة واحدة فقط

ثانياً : مربع الحوار *Citation & Bibliography* :-

مربع الحوار هذا هو المسئول عن عمل قائمة مراجع خاصة بك ، تحتوى على أسماء الكتب التى تستخدمها غالباً فى عمل ملفاتك ، بحيث تكون مخزنة فى جهازك حتى تستطيع أن ترجع إليها عندما تحتاج لأن تقوم بتوثيق معلومة موجودة فى كتاب أو دورية علمية ...., أنظر إلى الشكل ٢١٣ الذى يوضح مربع الحوار Citation & Bibliography :-

شكل٢١٣

١- الأداة Insert Citation :-

تستخدم هذه الأداة لعمل قائمة بالمصادر الخاصة بك التى اعتدت على أن تستقى منها معلوماتك لإدراجها فى كتبك

و أبحاثك،لذا عندما تنقر على السهم سوف تنسدل منه القائمة الموضحة بالشكل٢١٤والتى تحتوى على ثلاثة خيارات..

شكل٢١٤

الاختيار الأول Add New Source:-

يستخدم لإضافة مصدرة جديدة إلى قائمة مصادرك، وعند النقر عليه سوف يظهر لك مربع الحوار الموضح بالشكل٢١٥:-

أنقر على هذا السهم حتى تنسدل لك قائمة بأنواع المصادر المختلفة مثل الكتب و المجلات و الدوريات العلمية المختلفة

Type of Source   Book   Language   Default

Bibliography Fields for APA

* Author

أنقر على هذا السهم لتحديد لغة هذا المصدر عربية أم أجنبية

☐ Corporate Author

* Title

* Year

* City

State/Province

Country/Region

* Publisher

Editor   Edit

Volume

Number of Volumes

فى أى حقل يطلب منك أن تذكر أى اسم سوف تجد هذا الزر ، وبعد أن تنقر عليه ينفتح لك مربع حوار آخر يسألك عن كل التفاصيل الخاصة باسم هذا الشخص سواء إذا كان المؤلف او الناشر أو المترجم

☑ Show All Biblio...   ...ecommended Field

Tag name   ...used to uniquely identify this source.

Placeholder 1

ضع اسم مميز لهذا المصدر حتى تسهل عليك عملية البحث عنه

OK   Cancel

شكل٢١٥

إذا نظرت إلى كل الحقول المطلوبة منك فى مربع الحوار هذا فسوف تلاحظ أنها عبارة عن أسم المؤلف و لقبه و سنة النشر و أسم الناشر و كذلك رقم صفحات هذا الكتاب و رقم الطبعة و اسم المترجم إن كان الكتاب مترجماً ، و أيضاً أى تعليق تريد إدراجه على هذا المصدر ....،

الاختيار الثانى Add New Placeholder :-

هذا الاختيار يستخدم لوضع أسم مميز للمرجع أو المصدر حتى تسهل عليك عملية البحث عنه...، و عند النقر عليه يظهر لك مربع الحوار الموضح بالشكل رقم ٢١٦ :-

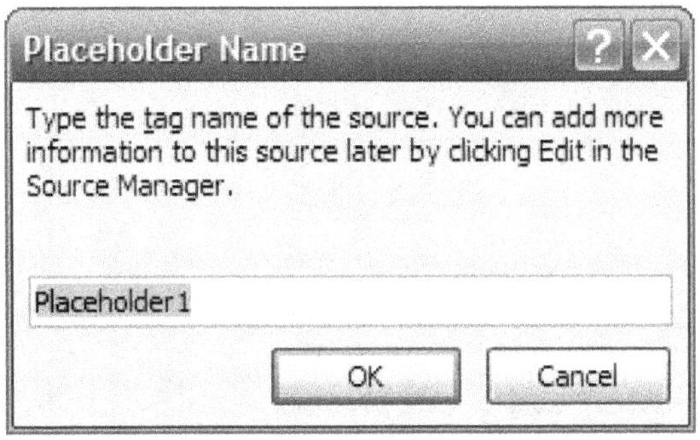

Placeholder Name   ? ☒

Type the tag name of the source. You can add more information to this source later by clicking Edit in the Source Manager.

Placeholder 1

OK   Cancel

شكل٢١٦

الاختيار الثالث Search Libraries :-

يستخدم هذا الاختيار للبحث عن أى معلومة فى أى كتاب داخل المكتبات على الإنترنت ، لذا عند النقر عليه يظهر لك مربع الحوار الذى يسألك عن نوعية المكتبة التى تريد أن تبحث فيها ...، أنظر الشكل رقم ٢١٧ :-

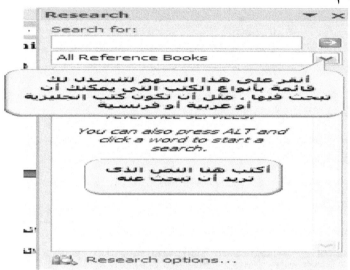

شكل٢١٧

٢ – الأداة Manage Sources :-

تستخدم هذه الأداة فى إظهار كل القوائم التى تحتوى على المصادر الخاصة بك حتى يمكنك اختيار ما تريده منها لتقوم بإدراجه فى الملف الحالى .....، و عند النقر عليها يظهر لك مربع الحوار الموضح بالشكل رقم ٢١٨ الذى يسألك عن كل البيانات التى يحتاجها للوصول إلى المرجع الصحيح الذى تريد إدراجه فى قائمة المراجع الخاصة بالملف الحالى .....، أنظر الشكل رقم ٢١٨ :-

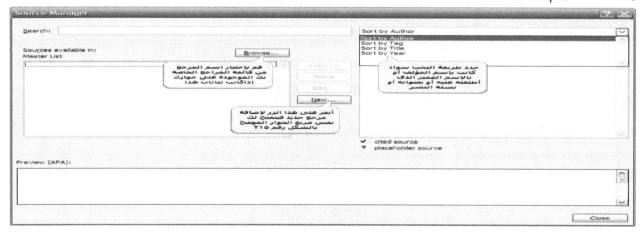

شكل٢١٨

٣- الأداة Style:-

وهى المسئولة عن تحديد النمط الذى تريد أن تظهر عليه قائمة المراجع الخاصة بك ....، لذا عند النقر عليها تنسدل لك قائمة بالأشكال و الأنماط المتاحة لك لكى تظهر عليها قائمتك ....، أنظر الشكل رقم ٢١٩ :-

شكل٢١٩

٤- الأداة Bibliography :-

تستخدم هذه الأداة لكى تقوم بإدراج قائمة بالمراجع المستخدمة بالملف و عند النقر عليه تظهر لك القائمة الموضحة بالشكل رقم ٢٢٠ :-

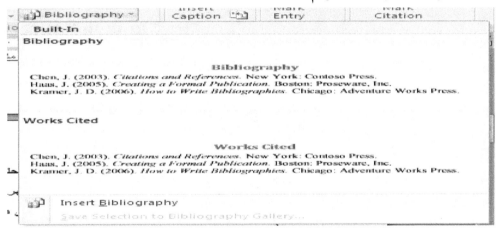

شكل٢٢٠

ثالثاً : مربع الحوار Captions :-

و هو مربع الحوار المسئول عن إدراج التعليقات على الصور أو الأشكال الذكية و ما إلى ذلك....، و هو يحتوى على أربعة أدوات كما هو موضح بالشكل رقم ٢٢١ :-

<u>شكل ٢٢١</u>

١- الأداة Insert Caption :-

لاستخدام هذه الأداة قم بتحديد صورة أو جدول تود وضع تعليق عليه، ثم أنقر على هذه الأداة حتى يظهر لك مربع الحوار الموضح بالشكل رقم ٢٢٢ :-

<u>شكل ٢٢٢</u>

٢- الأداة Table of figures dialoge :-

هذه الأداة هى المسئولة عن عمل ما يسمى بـ " فهرس الأشكال و الصور " فى نهاية البحث أو الكتاب ، لذا لو نقرت عليها سوف ينفتح لك مربع الحوار الموضح بالشكل رقم ٢٢٣ ، لكى تختار منه الشكل و التنسيق الذى تريده لفهرس الأشكال و الصور الخاص بك ..... ، أنظر الشكل رقم ٢٢٣ :-

شكل٢٢٣

٣- الأداة Update Table of Figures :-

هذه الأداة تستخدم لعمل تعديل فى الفهرس الخاص بالصور و الأشكال ، فمثلاً قد يتم إضافة صورة أخرى بعد عمل الفهرس ، أو قد يتم تغيير مكان الصورة ، حينئذ قم بالنقر على هذه الأداة حتى يتم عمل التعديل اللازم فى فهرس الأشكال و الصور الخاصة بك ....

٤- الأداة Cross-Reference :-

تستخدم هذه الأداة لعمل مرجعية من نوع خاص ، وربما تكون قد وجدتها فى هذا الكتاب ، و هى عبارة عن أنك قد تكون وجدت جملة " راجع الفصل الثانى ص ١٧ " فى الصفحة رقم ١٠٠ ، هنا تظهر أهمية هذه الخاصية حيث تجعل هذه الجملة عبارة عن Hyperlink عندما تنقر عليه يذهب بك إلى الفصل الثانى ، وليس هذا كل شىء .... ، بل هى أيضاً تجعل هذه الجملة تقوم بعمل تعديل Update لنفسها ... فمثلاً لو تغير موقع الفصل الثانى من ص١٧ إلى ص ٣٠ سوف تلاحظ أن هذه الجملة فى ص ١٠٠ تم عمل التعديل اللازم

لها و أصبحت " راجع الفصل الثانى ص ٣٠ " ..، و إذا نقرت على هذه الأداة سوف يظهر لك مربع الحوار الموضح بالشكل رقم ٢٢٤ :-

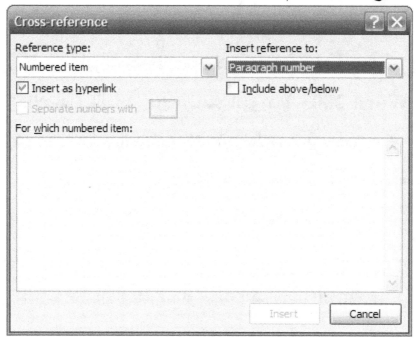

<u>شكل ٢٢٤</u>

الفصل الثالث عشر

البريد *Mail*

مما لا شك فيه أن خاصية البريد Mailings هى خاصية مهمة جداً فى برنامج الوورد عموماً ...،حيث أن الإصدار السابق من برنامج الوورد (Word 2003) كان يدعم هذه الخاصية أيضاً بالرغم من أنها لا تستخدم إلا على نطاق ضيق جداً .....

استخدام الوورد ٢٠٠٧ فى خاصية البريد ينقسم على عدة خطوات مبنية على بعضها البعض ...هى : -

١ - تحديدا نوع الملف:-

بمعنى هل سيكون خطاب عادى أو ظرف أو بريد إلكترونى E-mail.

٢ – تحديد نوعية مصدر البيانات التي سوف يتعامل معها الملف :-

عندما تقوم باستخدام ملف وورد لإعداد رسالة أو أى شىء من هذا القبيل سوف يقوم البرنامج بعمل نسخة من بعض

البيانات داخل هذا الملف مثل (أسم المرسل إليه وبريده الإلكترونى أو عنوانه إن كانت رسالة عادية .....الخ) و هذا المصدر غالباً ما يكون ملف آخر.. قد يكون هذا الملف عبارة عن Excel sheet أو قاعدة بيانات Access أو حتى يمكن أن يكون الـ Contacts information الموجودة فى الـ Outlook أو قد يكون ملف وورد آخر .... المهم هنا أنه أياً كانت نوعية الملف أن تكون تلك المعلومات مقسمة لحقول و صفوف (& Fields Records) بحيث يكون كل صف عبارة عن وحدة واحدة تخص شخص واحد وكل حقل يحتوى على معلومة معينة عنه.مثال:ال :

اسم الشخص بالكامل، عنوانه، اسم البلد، المدينة، الرقم البريدي..... إلخ

إذا لم يكن لديك هذا الملف لا تقلق ولا تقم بعمله أولاً مثلما يفعل البعض حيث أن الوورد إذا لم يجد هذا الملف يقوم بعمله تلقائياً أثناء عملية دمج هذه المعلومات مع ملف الوورد الخاص بك .

٣- تصميم الملف :-

للبدء فى تصميم الملف أنقر على التبويبMailingsالموجود فى الـRibbonحتى يظهر لك كما هو موضح بالشكل ٢٢٥ :-

شكل٢٢٥

سوف تلاحظ أن أغلب الأدوات الموجودة فيه مخفية وغير فعالة .. لا تقلق سوف يتم تفعيلها عندما نبدأ العمل ...

للبدء لن تحتاج سوى لمربع الحوار Start Mail Merge لننقر على الأداة الأولى فيه والتي تحمل نفس الاسم لتظهر لنا القائمة الموضحة بالشكل رقم ٢٢٦ والتي تحتوى على كل الأنواع التى يمكنك تصميمها من خلال الوورد ٢٠٠٧ ... أنظر الشكل رقم ٢٢٦ :-

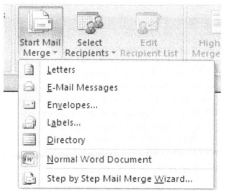

شكل٢٢٦

نلاحظ من خلال هذا الشكل انه يوجد خمسة أنواع من الرسائل يمكنك تصميمها من خلال وورد ٢٠٠٧ هى :-

١- الخطابات Letters :-

يمكنك استخدام هذا التصميم عندما تكون الرسالة تحتوى على عدة صفحات .. تختلف فيها بيانات المرسل إليها من صفحة إلى أخرى ، كما يمكنك استخدامه أيضاً عندما فى كتابة الخطابات الرسمية وكذلك الفواتير .

٢ – رسائل البريد الإلكترونى E-mail Messages :-

تشبه فى مفهومها الخطاب الرسمي .. ، وتشبه فى استخدامها ما تفعله عندما تقوم بإرسال نفس الرسالة إلى عدة أشخاص بأن تضع كل عنوانيهم الإلكترونية فى الحقول (To أو CC أو BCC) ، ولكن هنا يمكنك إرسال عدة رسائل مختلفة إلى عدة أشخاص مختلفين ثم يستلم كل منهم رسالته الخاصة .

٣ – الأظرف Envelops :-

يشبه فى مفهومه أيضاً الخطاب الرسمي ولكن الفرق أن الناتج سوف يكون عبارة عن ظرف ، وعند النقر على هذا الاختيار سوف ينفتح لك مربع الحوار Envelope Options الموضحة محتوياته بالشكلين ٢٢٧ ، ٢٢٨ :-

شكل٢٢٧

شكل٢٢٨

٤ – Labels :-

يستخدم هذا الاختيار ليسهل عليك عملية طباعة عدة عناوين على أكثر من ملف.

٥ – Directory :-

أستخدم هذا الاختيار عندما تريد أن تطبع العديد من السجلات Records فى صفحة واحدة

٦ – العودة إلى الشكل العادي لملف الوورد Normal Word Document :-

هذا الاختيار يستخدم عندما تريد العودة مرة أخرى لملف الوورد العادى ، ولكن حينئذ سوف تختفى التنسيقات الخاصة بالرسائل كما ستنتهي الرابطة الموجودة بين الرسالة و مصدر البيانات ، و من الضروري أن تعلم أنك إذا اخترت هذا الاختيار ثم أردت العودة مرة أخرى لوضع الرسائل سوف يكون عليك البدء من جديد ...!! لذا يجب عليك أن تفكر جيداً قبل أن تختار هذا الاختيار ... كما ينصح بأخذ نسخة إحتياطية من الملف القديم قبل أن تختار هذا الاختيار حتى يمكنك الرجوع إليها فى حالة إن أردت الاستعانة بها والعودة إليها مرة أخرى .

٧- Step by Step Mail Merge Wizard :-

قم باستخدام هذا الاختيار إذا لم تكن معتاداً على كتابة وتنسيق الرسائل من خلال برنامج الوورد حيث سوف يسهل عليك عملية التنسيق أكثر ، وسوف يتم شرح كيفية استخدامه لاحقاً فى نهاية هذا الفصل .

٤- ربط مصدر البيانات مع الملف Attaching Data Source :-

بعد أن قمت بتصميم شكل الملف يجب عليك أن تختار مصدر البيانات الذى سوف يتعامل معه الملف ... ، وذلك سوف يكون بالعودة إلى مربع الحوار Start Mail Merge الموضح بالشكل رقم ٢٢٦ ولكن هذه المرة سوف ننقر على الأداة Select Recipients حتى تنسدل لك القائمة الموضحة بالشكل رقم ٢٢٩ :-

شكل٢٢٩

ولكن أسهل طريقة لاختيار الأسماء التى سوف يتم إرسال الرسائل إليها هى العودة لمربع الحوارStart Mail Merge الموضح بالشكل رقم ٢٢٦ و الموجود على الـRibbon واختيار الأداة الأخيرة في وهى Edit Recipient حتى ينفتح لك مربع الحوار الموضح بالشكل رقم ٢٣٠ :-

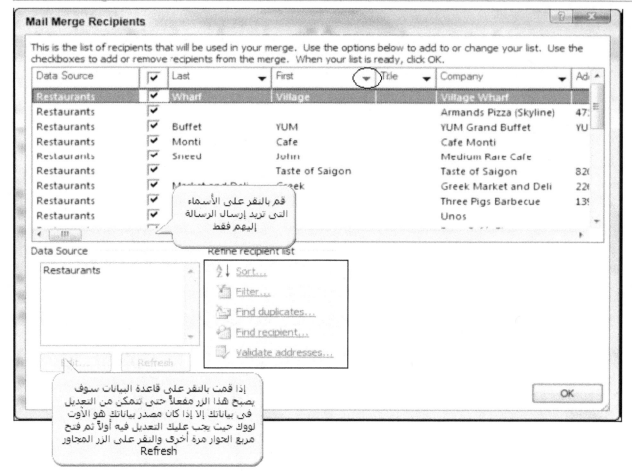

شكل ٢٣٠

لعلك لاحظت وجود خمسة أوامر على شكل **Hyper Links** موضوعة داخل مستطيل تحت عنوان **Refine recipient list** سوف نقوم بشرح كيفية وفائدة استخدام كل منهم على حدة:-

١- إعادة ترتيب السجلات **Sorting Records** :-

إذا لم يكن مصدر بياناتك هو الـ **out look** قم بالنقر على السهم المجاور للحقل الذى تريد إعادة الترتيب على أساسه مثل ذلك السهم الموضوع داخل دائرة فى الشكل رقم ٢٣٠ حتى تنسدل لك منه القائمة الموضحة بالشكل رقم ٢٣١ :-

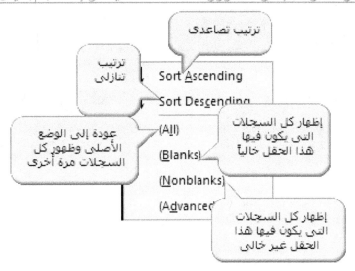

شكل٢٣١

لإعادة الترتيب على أساس أكثر من حقل فى وقت واحد أنقر على الأمر sort الموجود فى مربع الحوار Mail Merge Recipients الموضح بالشكل رقم ٢٣٠ والموضوع داخل المستطيل حتى ينفتح لك مربع الحوار Filter and Sort الموضح بالشكل رقم ٢٣٢ :-

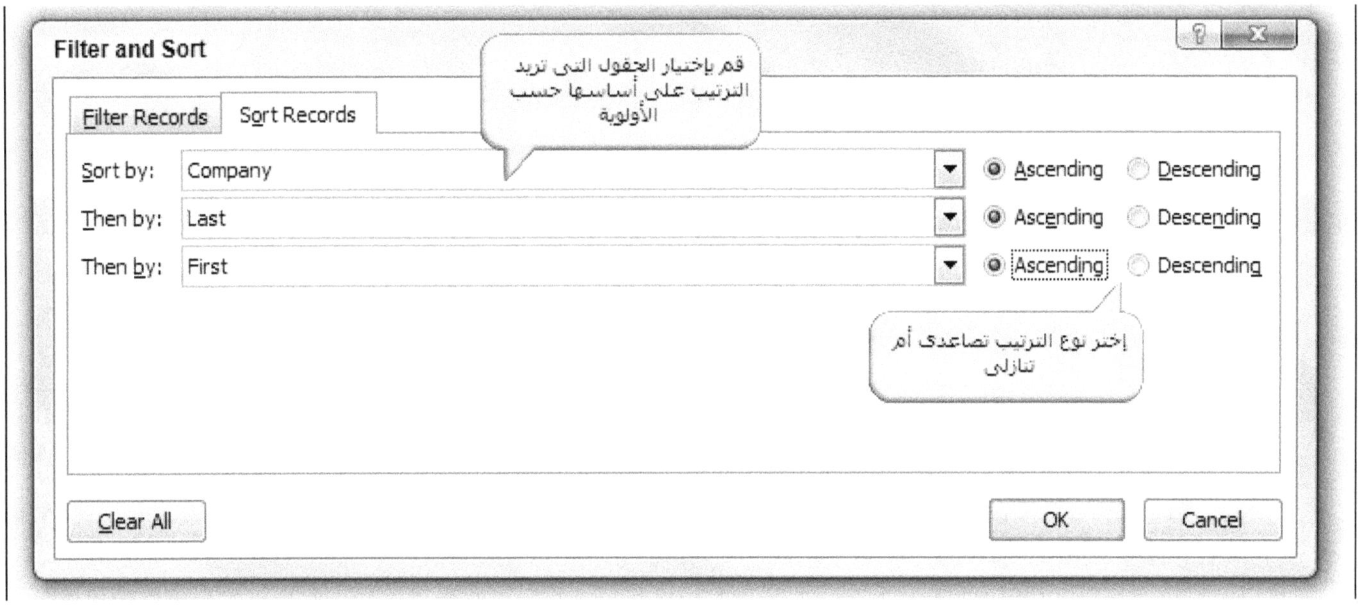

شكل٢٣٢

٢ – تنقية السجلات Filtering Records :-

للقيام بهذه العملية ليس عليك سوى أن تنقر على الأمر Filter الموجود بمربع حوار Mail Merge Recipients الموضح بالشكل رقم ٢٣٠ الموجود بداخل المستطيل أيضاً حتى ينفتح لك نفس مربع الحوار Filter and Sort الموضح بالشكل رقم ٢٣٢ ولكن هذه المرة سوف يكون التبويب Filter هو المفتوح .... أنظر الشكل رقم ٢٣٣ :-

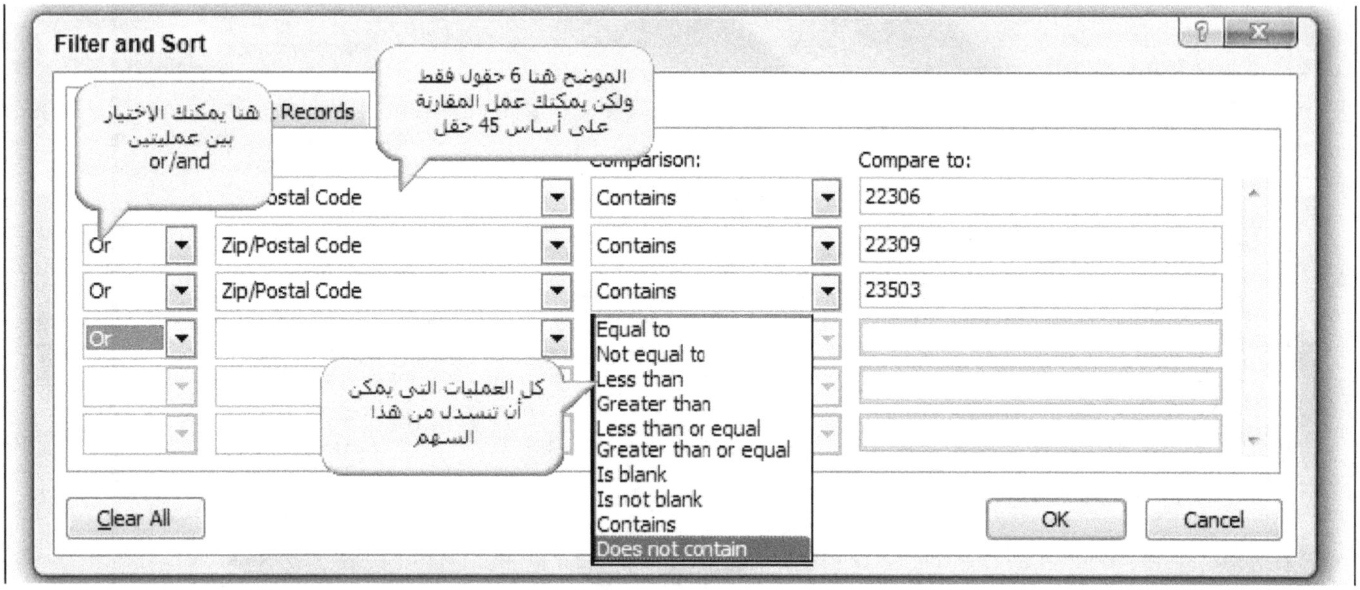

شكل٢٣٣

* الفرق بين العمليات المنطقية OR/AND :-

بكل بساطة (or تعنى أو) بمعنى أن هناك شرطين يجب أن يتحقق أحدهما ولا يجوز أن يتحقق الاثنان معاً ، وعندما تبدأ عملية المقارنة سوف يبحث البرنامج عن الشرط الأول أولاً إن وجده متحققاً سوف ينفذ العملية بدون أن يرى الشرط الثانى ، أما إذا وجده غير متحقق فسوف يبحث عن الشرط الثانى .... ، أما العملية and فهى تعنى وجود شرطين أيضاً ولكن هذه المرة يجب أن يتحقق الشرطين معاً ، بمعنى أن البرنامج سوف يبحث عن الشرط الأول إن وجده متحققاً يبحث عن الثانى الذى يجب أن يكون متحققاً حتى تتم عملية المقارنة ، و إذا لم يجد الشرط الأول متحققاً فلن يرى الشرط الثانى ولن تتحقق عملية المقارنة أصلاً .

٣- إيجاد السجلات المكررة Find Duplicates :-

من المؤكد أنه ليس من الصحيح إرسال الرسالة لنفس الشخص أكثر من مرة ، حيث أنها إذا كانت فاتورة أو ما شابه ذلك فى مجال العمل قد تحدث مشكلات كبيرة ، لذا لتجنب هذا الخطأ يمكنك النقر على الأمر Find Duplicates حتى يظهر لك العناوين أو الأسماء المكررة حيث أنك يمكن أن تكون قد سجلت شخص واحد مرتين ، وعند النقر على هذا الأمر سوف ينفتح لك مربع الحوار Find Duplicates الموضح بالشكل رقم ٢٣٤ :-

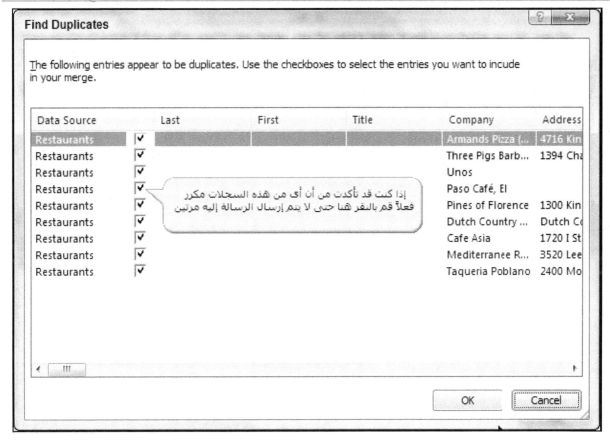

شكل٢٣٤

ملحوظة:-

لا تعتمد على هذه الخاصية اعتمادا كلياً حيث أن الوورد يستخدم الاسم الأول والثاني فقط حتى يجد السجلات المكررة لذا حاول أن تتأكد من نتائجه مرة أخرى قبل أن تقوم بإرسال الرسالة .

٤ – البحث عن شخص أو عنوان معين Find recipient:-

تستخدم هذه الخاصية إذا كان لديك عدد كبير جداً من الأسماء والعناوين والبيانات بحيث تسهل عليك إيجاد عنوان أو بريد الكتروني شخص معين ، وكل ما عليك فعله هو النقر على هذه الخاصية فى مربع حوار Mail Merge Recipients حتى ينفتح لك مربع الحوار Find Entry الموضح بالشكل رقم ٢٣٤ ،

أو استخدام الأداة Find recipient الموجودة فى مربع حوار Preview Results الموجود فى التبويب Mailings الموجود على الـ Ribbon ...، أنظر الشكل رقم ٢٣٥ :-

شكل٢٣٥

٥ – اختبار صلاحية العنوان Validate addresses:-

تستخدم هذه الخاصية مع نوع محدد من أنواع البرامج يسمى third-party software ، إذا لم يكن موجوداً على جهازك سوف تظهر لك الرسالة الموضحة بالشكل رقم ٢٣٦ ، أما إذا كان موجوداً فهى تستخدم للتأكد

من صحة العنوان حتى لا ترسل رسالة على عنوان خاطئ فتعود إليك مرة أخرى .... ، أنظر الشكل رقم ٢٣٦ :-

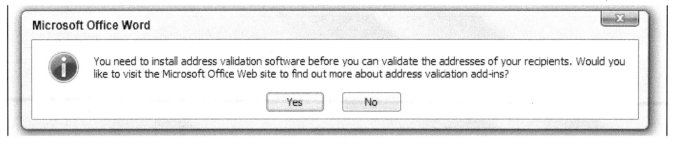

شكل٢٣٦

٥ – *دمج حقول مصدر البيانات مع الملف Merge Fields* :-

بعد أن قمت باختيار مصدر بياناتك وقمت بالتعديل فيه وما إلى ذلك يجب أن تبدأ بإدراج تلك البيانات داخل الملف، مما لا شك فيه أنه ليست كل البيانات الموجودة داخل قاعدة البيانات و التي تخص شخص أو سجل واحد سوف يتم

إدراجها كلها فى الرسالة ...لذا سوف نقوم باختيار الحقول التى سوف ندرجها داخل الملف ....

أولاً: يجب عليك أن تقوم بتحديد أماكن هذه الحقول داخل الرسالة.مثال:ل :-

سوف نقوم الآن بكتابة رسالة لشركة أخذت نسخة تجريبية من برنامج حسابات لنذكرهم بموعد انتهاء العمل بهذا البرنامج ونعلمهم بالأسعار وطرق الدفع وما إلى ذلك ....

السيد / [الإسم]
نفيدكم علماً بأن برنامج [إسم البرنامج]
والذى حصلتم على نسخة تجريبية منه فى [تاريخ الحصول على النسخة]
سوف يتم إنتهاء العمل به فى [تاريخ إنتهاء العمل]
نتمنى أن يكون قد نال رضاكم ..،
كما نفيدكم علماً أيضاً بأسعار إستخدام البرنامج إذا كان قد نال رضاكم :-
سنة واحدة [سعر البرنامج لمدة سنة] شاملة الصيانة والضمان ،
سنتان [سعر البرنامج لسنتين] شاملة الصيانة والضمان ،
ثلاث سنوات [سعر البرنامج لثلاث سنوات] شاملة الصيانة والضمان .
وتفضلوا بقبول فائق الإحترام ....،
إسم الراسل

ثانياً : بعد أن قمت بكتابة رسالتك وتنسيقها بهذا الشكل يجب عليك أن تدرج الحقول المخصصة من خلال مربع الحوار Write & Insert Fields الموجود فى التبويب Mailings الموجود فى الـ Ribbon .... ونستخدم منه الأداة Insert Merge Field حتى تنسدل لك قائمة مثل الموضحة بالشكل رقم ٢٣٧ :-

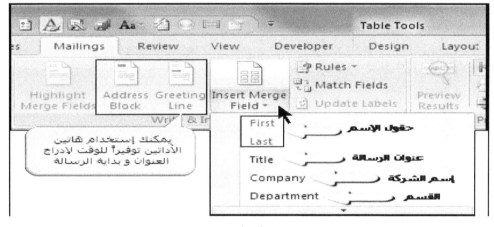

شكل ٢٣٧

كما هو موضح بالشكل السابق أن استخدام الأداتين (Address Block و Greeting Line) يوفر الوقت.. لذا كان يجب توضيحا كيفيا استخدامهما، عند النقر على الأداة Address Block سوف ينفتح لك مربع الحوار الموضح بالشكل رقم ٢٣٨ :-

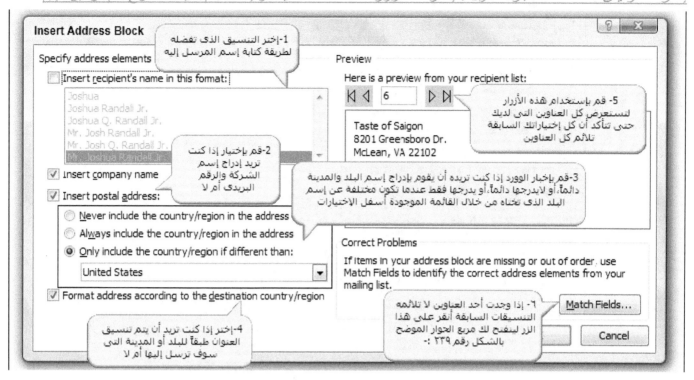

شكل٢٣٨

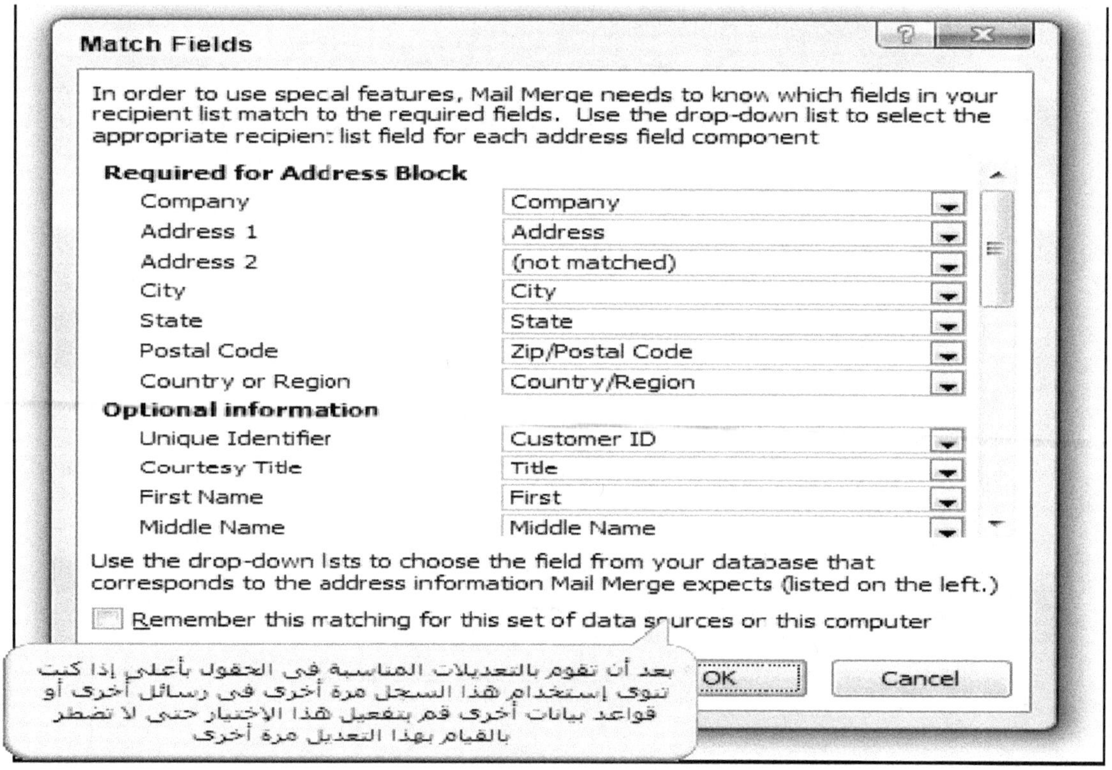

شكل٢٣٩

* عند النقر على الأداة Greeting Line سوف ينفتح لك مربع الحوار الموضح بالشكل رقم ٢٤٠ :-

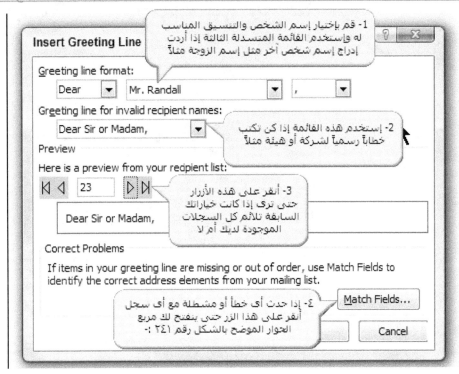

Insert Greeting Line
Greeting line format:
Greeting line for invalid recipient names:
Here is a preview from your recipient list:
If items in your greeting line are missing or out of order, use Match Fields to identify the correct address elements from your mailing list.
Match Fields...
Cancel

شكل ٢٤٠

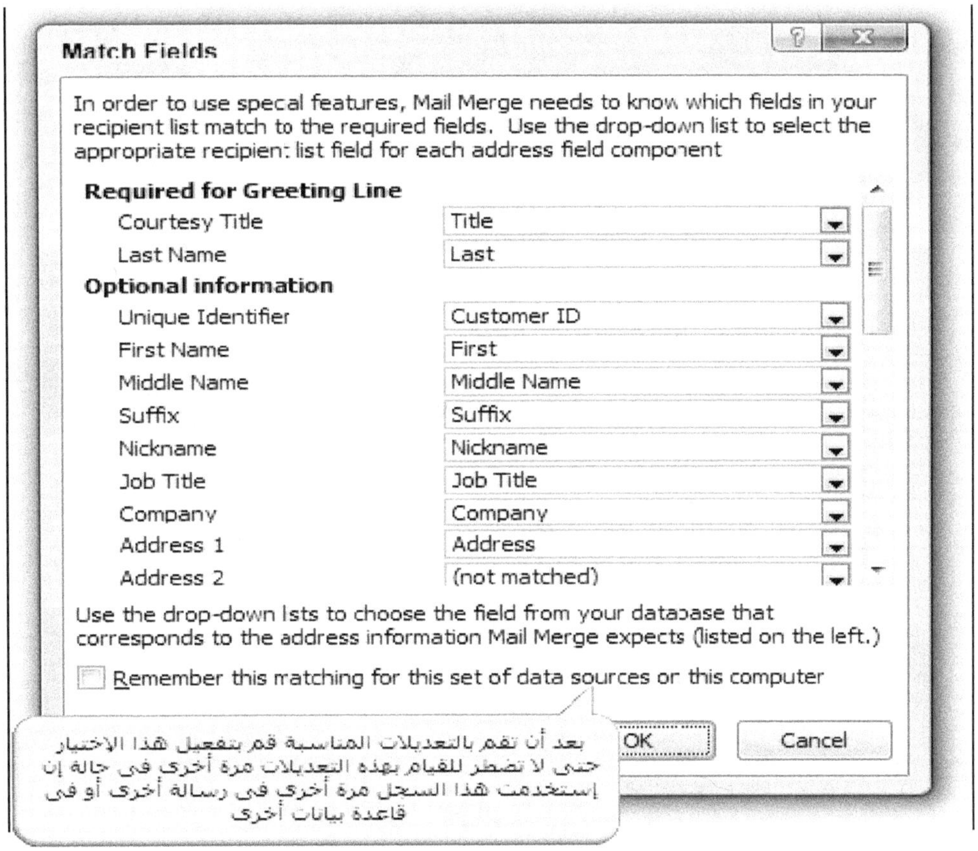

Match Fields
In order to use special features, Mail Merge needs to know which fields in your recipient list match to the required fields. Use the drop-down list to select the appropriate recipient list field for each address field component
Required for Greeting Line
Courtesy Title Title
Last Name Last
Optional information
Unique Identifier Customer ID
First Name First
Middle Name Middle Name
Suffix Suffix
Nickname Nickname
Job Title Job Title
Company Company
Address 1 Address
Address 2 (not matched)
Use the drop-down lists to choose the field from your database that corresponds to the address information Mail Merge expects (listed on the left.)
Remember this matching for this set of data sources on this computer
بعد أن تقم بالتعديلات المناسبة قم بتفعيل هذا الاختيار حتى لا تضطر للقيام بهذه التعديلات مرة أخرى فى حالة إن إستخدمت هذا السجل مرة أخرى فى رسالة أخرى أو فى قاعدة بيانات أخرى
OK
Cancel

شكل ٢٤١

٦- اختبار الشكل النهائي للملف :-

بعد أن قمت بكتابة الرسالة واختيار مصدر البيانات يجب عليك أن ترى الشكل النهائي لملفك قبل طباعته أو إرساله عبر البريد الإلكترونى ....، للقيام بهذه العملية يجب عليك النقر على الأداة **Preview Results** فى مربع الحوار **Preview Results** الموجود فى التبويب **Mailings** الموجود على الـ **Ribbon** و الموضح بالشكل رقم ٢٤٢ :-

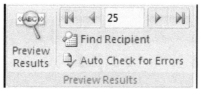

شكل ٢٤٢

ولكن يجب عليك مراعاة أن الحقول التى دمجتها مع الملف قد تظهر بثلاثة طرق مختلفة حسب طريقة إدراجها ....، أنظر الشكل التالى رقم ٢٤٣ :-

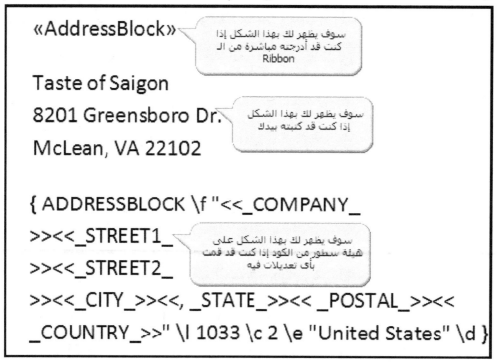

شكل ٢٤٣

كما يمكنك أيضاً تفادى الأخطاء وتصحيحها من خلال الأداة **Auto Check for Errors** الموجودة فى مربع الحوار **Preview Results** الموضح بالشكل رقم ٢٤٢ ...، وعند استخدامها والنقر عليها سوف ينفتح لك مربع الحوار الموضح بالشكل رقم ٢٤٤:-

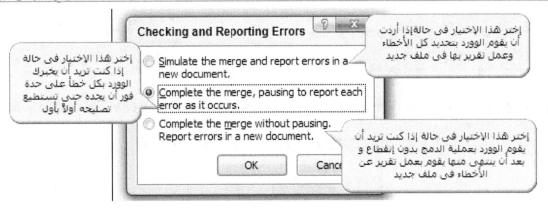

شكل٢٤٤

٧- إنهاء عملية الدمج Finishing The Merge -:

بعد أن اختبرت الشكل النهائي لملفك يجب أن تقوم بإنهاء عملية الدمج حتى تبدأ عملية الطباعة ، للقيام بهذه العملية سوف نستخدم مربع الحوار Finish الموجود فى التبويب Milings الموجود فى الـRibbon ، وذلك بالنقر على الاختيار الوحيد المتاح فيه وهو Finish & Merge لتنسدل منه القائمة الموضحة بالشكل رقم ٢٤٥ :-

شكل٢٤٥

والآن سوف نقوم بشرح الثلاثة اختيارات المتاحة فيه وهى على الترتيب التالى :-

١- Edit individual document -:

قم باستخدام هذا الاختيار إذا كنت تريد أن تحتفظ بنسخة من حقولك المدمجة بكافة تنسيقاتها لكى تستطيع استخدامها مرة أخرى فى حالة إن احتجت إليها بدلاً من أن تقوم بإعادة تصميمها كلما احتجت إليها ، وعندما تقوم بالنقر على هذا الاختيار سوف ينفتح لك مربع الحوار Merge to new document الموضح بالشكل رقم ٢٤٦ :-

شكل ٢٤٦

٢- Print Documents :-

لا تقم باختيار هذا الاختيار إلا إذا كنت واثقاً تماماً من أن الملف أصبح على الشكل الذى تريده تماماً ، وعندما تصل لهذه المرحلة من الثقة قم بالنقر على هذا الاختيار ثم سيظهر لك نفس مربع الحوار الموضح بالشكل رقم ٢٤٦ ، ولكن هذه المرة ليسألك عن ما تريد طباعته ، بعد اختيار الاختيارات المناسبة وتنقر على الزر OK سوف يظهر لك مربع الحوار Print العادى حتى تختر منه مايناسبك من اختيارات مثل نوع الطابعة وعدد النسخ...الخ، وبعد أن تنتهي سوف تبدأ الطابعة بطباعة أولى رسائلك..

٣- Send E-mail messages :-

أختر هذا الاختيار إذا كنت من البداية قد اخترت أن تكون الرسالة إلكترونية أى E-mail Merge،وعندما تنقر على هذا الاختيار يظهر لك مربع الحوارMerge to E-mailالموضح بالشكل٢٤٧:-

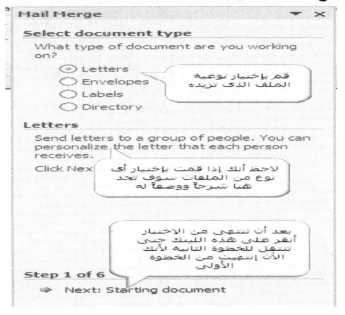

شكل٢٤٧

** كيفية استخدام *Mail Merge Wizard* :-

ذكرنا سابقا أن هذه الطريقة تصلح لمن هو غير محترف كتابة الرسائل على برنامج الوورد ، كما سبق وذكرنا أنه أمر من الأوامر الموجودة فى القائمة التى تنسدل من الأداة Start Mail Merge الموجودة فى مربع الحوار Start Mail Merge الموجود فى التبويب Mailings الموجود فى الـRibbon ، لنبدأ إستخدامه الآن من خلال النقر على هذا الأمر حتى ينفتح لنا التبويب الموضح بالشكل ٢٤٧ و الذى يصف لنا أن كتابة الرسائل بهذه الطريقة ينقسم إلى ستة خطوات و هذا الشكل يوضح الخطوة الأولى ......

الخطوة الأولى : تحديد نوع الملف Select Document type :-

شكل٢٤٨

الخطوة الثانية : أختر الملف الذى تريد أن تبدأ منه Select Starting Document

:-

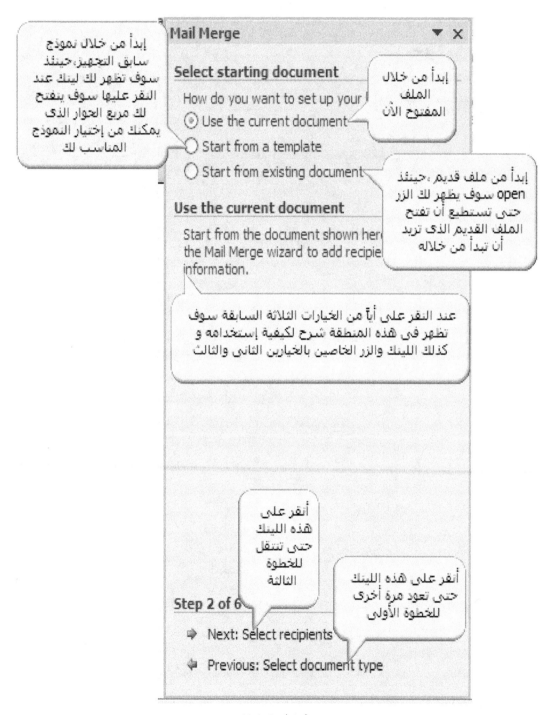

شكل٢٤٩

الخطوة الثالثة: أختر المرسل إليه Select Recipients :-

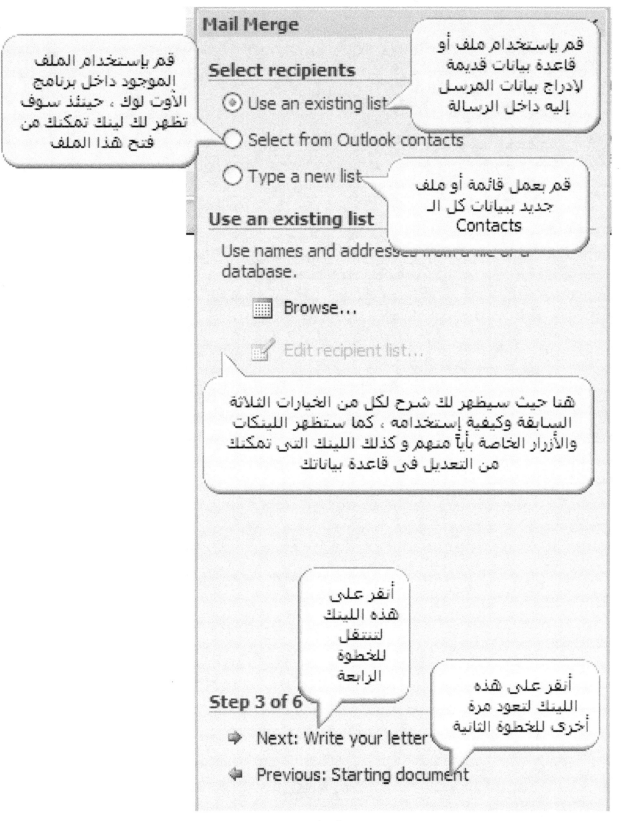

شكل ٢٥٠

الخطوة الرابعة : أبدأ فى كتابة رسالتك Write Your Letter -:

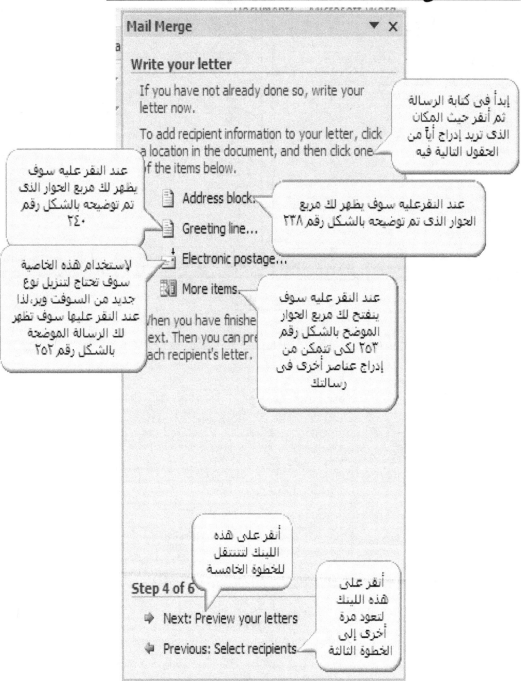

شكل ٢٥١

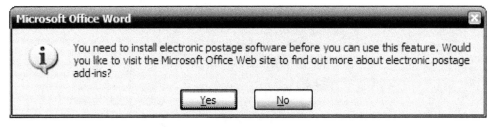

شكل ٢٥٢

شكل٢٥٣

الخطوة الخامسة: أستعرض رسائلك Preview your Letters –:

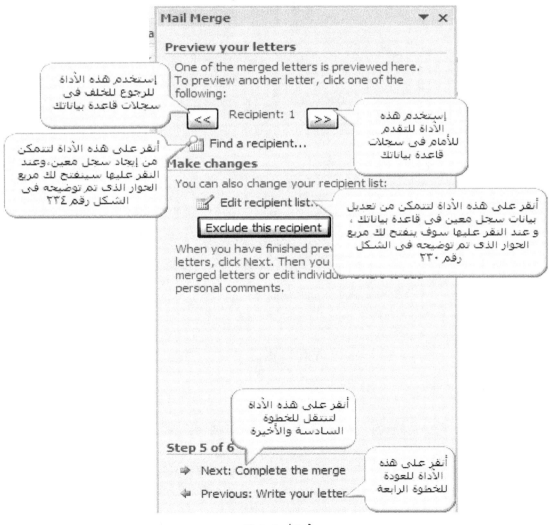

شكل٢٥٤

الخطوة السادسة : إنهاء عملية الدمج Complete the Merge :-

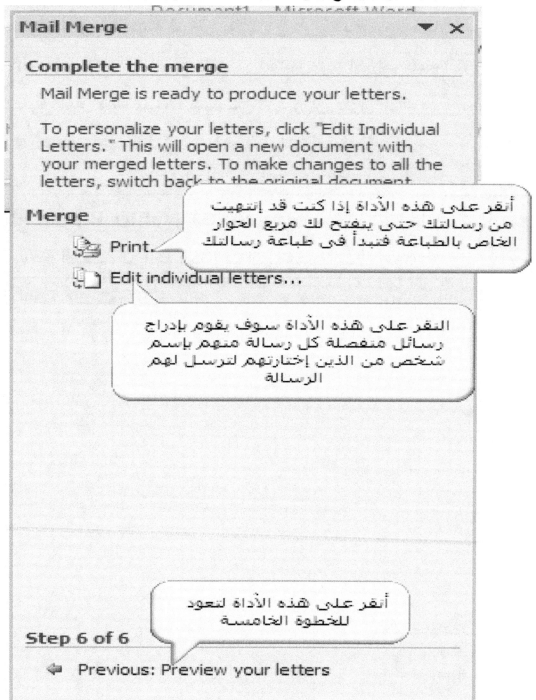

أنقر على هذه الأداة إذا كنت قد إنتهيت من رسالتك حتى يتفتح لك مربع الحوار الخاص بالطباعة فتبدأ فى طباعة رسالتك
انقر على هذه الأداة سوف يقوم بإدراج رسائل منفصلة كل رسالة منهم بإسم شخص من الذين إخترتهم لترسل لهم الرسالة
أنقر على هذه الأداة لتعود للخطوة الخامسة

شكل٢٥٥

الفصل الرابع عشر

حماية و تأمين الملف Document Security

فى كل إصدارات الوورد القديمة لم تكن هناك أى طريقة لحماية الملفات سوى و ضع كلمة مرور " Password " حتى أصبح الآن من السهل جداً اختراق كلمة المرور هذه و أصبح هناك عدة طرق لفعل ذلك ......، لذلك كان لابد و أن يكون هناك طرق جديدة لحماية الملف...،وقد أصبحت هذه الطرق من أهم السمات المميزة للوورد ٢٠٠٧...،

أولاً : حماية الملف بالطريقة التقليدية عن طريق وضع كلمة مرور Password للملف :-

١- قم بفتح Office Button و أختر الأمر Save as و أنقر عليه حتى ينفتح لك مربع حوار Save as المعتاد، ثم أتبع الخطوات الموضحة بالشكل رقم٢٥٦:-

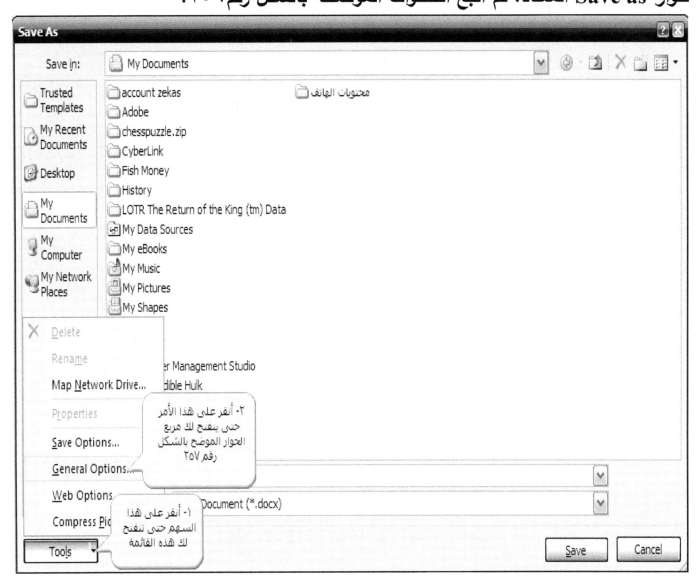

شكل٢٥٦

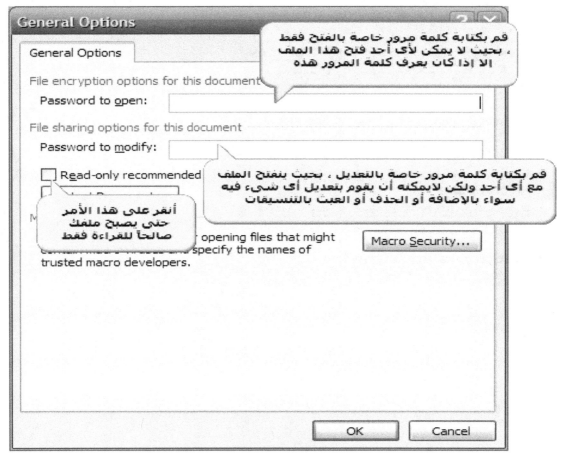

شكل ٢٥٧

ثانياً : *الطرق الحديثة لحماية وتأمين الملف :-*

١ – *تفتيش الملف Inspect the Document :-*

يستخدم هذا النوع من الحماية للتأكد من إذا كان الملف يحتوى على معلومات سرية أو شخصية أو حساسة ثم يقوم بإزالتها من الملف إذا أردت أنت ذلك...،

لاستخدام هذا النوع من الحماية قم بفتح Office Button و منه أختر Prepare ثم أختر Inspect Document ، حينئذ سوف ينفتح لك مربع حوار يسألك عن نوعية البيانات التى تريد إجراء التفتيش عليها منها : التعليقات و البيانات الشخصية و الهوامش العلوية والسفلية و العلامات المائية .... الخ، أنظر الشكل رقم ٢٥٨:-

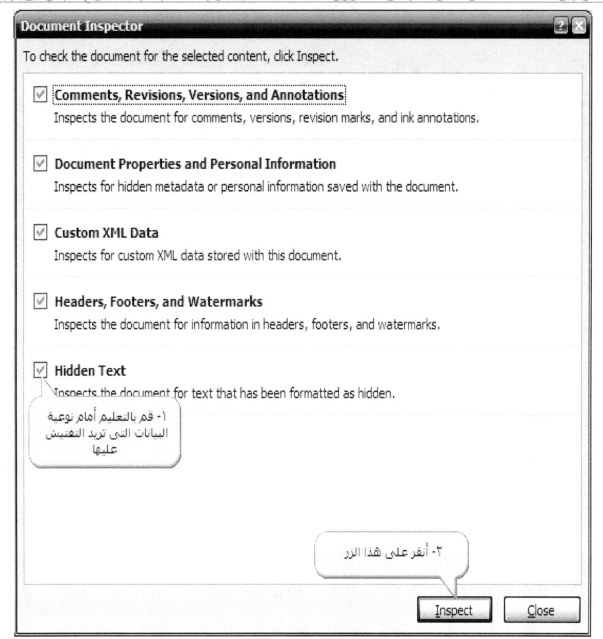

شكل ٢٥٨

بعد النقر على الزر Inspect سوف تبدأ عملية التفتيش و لن تستغرق سوى بضع ثواني، ثم سوف يظهر لك

تقرير يوضح لك البيانات التى تم التفتيش عليها و نتيجة هذا التفتيش ... أنظر الشكل رقم ٢٥٩ :-

شكل ٢٥٩

<u>٢ – التأكيد على آخر نسخة *Mark as Final* :-</u>

يستخدم هذا النوع من الحماية للتأكيد على من سيقرأ الملف أن هذه النسخة هى آخر نسخة أى بعد المراجعة والتنسيق و ما إلى ذلك مما سيجعل ملفك للقراءة فقط Read Only أى أنه لا يمكن التعديل أو الكتابة فيه بأي شكل من الأشكال

ولكن هذا النوع من الحماية لا يعتبر آمناً بشكل كامل حيث أن القارئ إذا قام بفتح الملف على وورد ٢٠٠٧ سوف يكون من السهل عليه إزالة هذا التنسيق ، كما أن القارئ الذى لديه نسخة الأوفيس ٢٠٠٧ كاملة لن يرى الملف على أنه ملف للقراءة فقط ، ولكن على أية حال عليك أن تعرف أنك إن أردت إستخدام هذا النوع من الحماية قم بفتح Office Button ثم أختر Prepare ومنها أختر Mark as Final.

٣- تحديد الصلاحيات   *Restricting Permission(Information Rights Management):*

هذه الطريقة تعتبر من أحدث و أقوى الطرق لحماية ملفك ... ،لاستخدامها يجب عليك استخدام سوفت وير جديد يسمى **Windows Rights Managemnt Client** ، جدير بالذكر أنك إذا كنت تستخدم الوورد ٢٠٠٧ مع ويندوز فيستا فسوف تجده مثبتاً تلقائياً على جهازك ، أما إذا كنت تستخدم **Windows XP** فسوف تحتاج إلى تثبيته بنفسك على الجهاز ، وسوف يساعدك الوورد على تنزيله و تثبيته إذا فتحت ملف مستخدم فيه هذا النوع من الحماية ، كما يمكنك تنزيل النسخة المجانية التى تقدمها شركة مايكروسوفت على موقعها بالإنترنت ولكن حينئذ سوف تحتاج لأن يكون لديك **E-mail** أو ما يسمى بـ **NET.** **Passport** أو **Windows Live IDs**،لاستخدام هذا النوع من الحماية على ملفك قم بفتح **Office Button** و منه **Prepare** ثم أختر **Restrict Permission** ومنها **Restricted access** و إذا لم يكن لديك البرنامج اللازم سوف يساعدك الوورد فى تثبيته على الجهاز ، وذلك عندما يظهر مربع الحوار الموضح بالشكل رقم ٢٦٠ :-

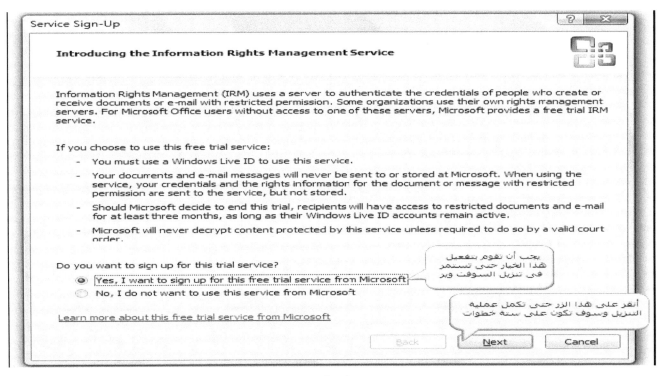

شكل ٢٦٠

لإزالة هذا النوع من الحماية قم بفتح زر Office Button مرة ثانية ثم Prepare ثم Restrict Permission ثم أختر Unrestricted access و إذا ظهرت لك رسالة تأكيد أنقر على yes حتى تتم عملية الإزالة بنجاح.

٤- التوقيع الإلكتروني Digital Signature -:

تستخدم هذه الطريقة فقط لكى يتأكد المرسل إليه أن هذا البريد الالكتروني أو هذا الملف قد وصله من نفس الراسل ، أى لكى يتأكد المرسل إليه من شخصية الراسل ، و لكى تقوم بتوقيع الملف إلكترونياً يجب أن تقوم بفتح الـ Office Button ومنه أختر Prepare ثم أختر Add a digital Signature ، إذا كانت هذه أول مرة تستخدم فيها التوقيع الإلكترونى سوف تظهر لك الرسالة الموضحة بالشكل رقم ٢٦١ :-

شكل ٢٦١

فى الشكل رقم ٢٦١ إذا نقرت على الزر signature service سوف تذهب إلى موقع Digital Signing الموجود فى موقع Microsoft Office حيث يمكنك أن تشترى توقيعاً خاصاً بك و هذا فى حالة استخدامه لإغراض تجارية ، أو يمكنك الحصول على توقيع إذا كنت تستخدمه لأغراض شخصية ، أما إذا نقرت على الزر Ok و لم تكن قد قمت بحفظ الملف فسوف ينفتح لك مربع حوار Save as ثم بعد أن تتم عملية الحفظ سوف ينفتح لك مربع الحوار Sign الموضح بالشكل رقم ٢٦٢ :-

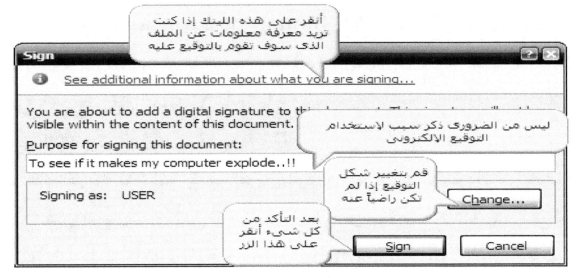

شكل ٢٦٢

بعد الانتهاء و النقر على الزر sign سوف تظهر لك رسالة التأكيد الموضحة بالشكل رقم ٢٦٣، أنقر على الزر Ok حتى تتم عملية التوقيع بنجاح....

شكل ٢٦٣

بعد أن قمت بتوقيع الملف أصبح الملف محمياً من العبث والتغيير فيه إلا إذا تم إدخال هذا التوقيع ثانية....، لإزالة هذا التوقيع قم بفتح Office Button ثم Prepare ثم View Signature وبعد أن يظهر لك التوقيع أنقر عليه بزر الفأرة الأيمن و أختر Remove Signature، حينئذ سوف تظهر لك رسالة التأكيد الموضحة بالشكل٢٦٤ :-

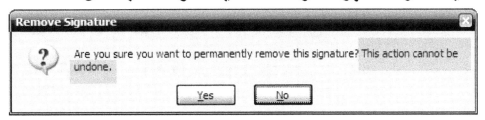

شكل٢٦٤

الجملة المظللة بالشكل رقم ٢٦٤ لا تعنى أنك لن تستطيع توقيع الملف ثانية ، ولكن تعنى أنك لن تستطيع استخدام الأمر Undo (Ctrl + Z) لتعيد توقيعه مرة أخرى ، بل ستضطر

لإعادة نفس الخطوات ثانية ، لعلك تتساءل : هل يمكنني إزالة توقيع أى شخص آخر ؟؟ الإجابة هى نعم ... ، ولكن لن يمكنك إعادة استخدام توقيع هذا الشخص مرة ثانية ... أى أن توقيعك يمكن أن تتم إزالته من قبل أى شخص لديه وورد ٢٠٠٧ ولكن لا يمكنه استخدام توقيعك للتوقيع على نفس الملف أو أى ملف آخر .

٥- تحديد عدة صلاحيات مختلفة لعدة أشخاص فى ملف واحد :-

يستخدم هذا النوع من الحماية فى حالة إذا كان هناك ملف وورد واحد تمت كتابته من قبل عدة أشخاص ... ، حيث قام كل منهم بكتابة جزء معين ... ، و لكنك تريد أن يرى كل منهم الملف كله ولا يستطيع التعديل إلا فى الجزء الخاص به ... ،

الحل هو أن تقوم بتحويل الملف كله إلى ملف لا يصلح إلا للقراءة فقط (Read Only) ، ثم تقوم بعمل إستثناء لكل منهم حتى يستطيع تعديل الجزء الخاص به فقط ، كما يمكنك التحكم فى نوعية هذا التعديل ... أولاً : تحويل الملف إلى ملف Read Only :-

لتحويل الملف إلى ملف Read Only قم بفتح التبويب Review الموجود فى الـRibbon ثم أختر آخر مربع حوار فيه وهو Protect ثم قم بفتح الأداة الوحيدة الموجودة فيه وهى Protect Document ، ثم أختر Restrict Formatting and Editing لينفتح لك مربع الحوار الخاص بها ، ركز الآن على القسم الثانى Editing restrictions الموضح بالشكل ٢٦٥ :-

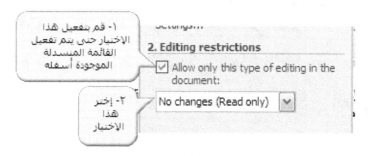

شكل٢٦٥

بعد أن تقوم بتنفيذ التعليمات الموضحة بالشكل رقم ٢٦٥ لا تغلق مربع الحوار بل تابع تنفيذ بقية الخطوات.ثانياً: تحديد الصلاحيات:-

١- قم بتحديد الجزء الذى تريد تطبيق الصلاحية عليه .

٢- أنظر إلى القسم الثالث فى مربع الحوار Restrict Formatting and Editing ثم قم بتنفيذ التعليمات الموضحة بالشكل رقم ٢٦٦ :-

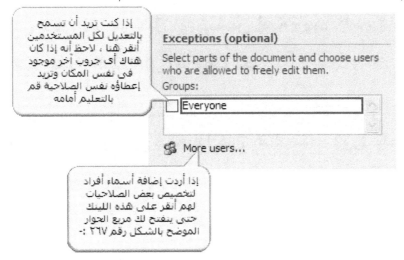

شكل ٢٦٦

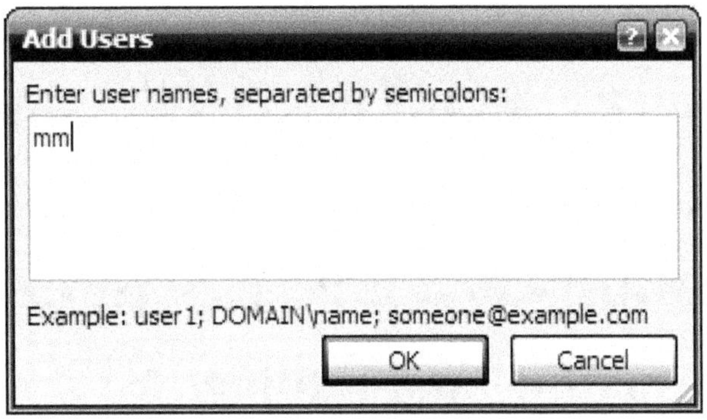

شكل ٢٦٧

٣- بعد أن تقوم بإضافة الأسماء فى مربع الحوار الموضح بالشكل ٢٦٦ وتنقر على الزر Ok سوف تلاحظ إضافتهم تحت كلمة Everyone فى الجزء الموضح بالشكل رقم ٢٦٥ ، قم بالتعليم أمام الأسماء التى تريدها ثم أنتقل إلى الجزء الثالث من مربع الحوار Restrict Formatting and Editing وهو Start Enforcement و أنقر على الزر Yes, Starting Enforcing Protection كما هو موضح بالشكل رقم ٢٦٨ :-

شكل ٢٦٨

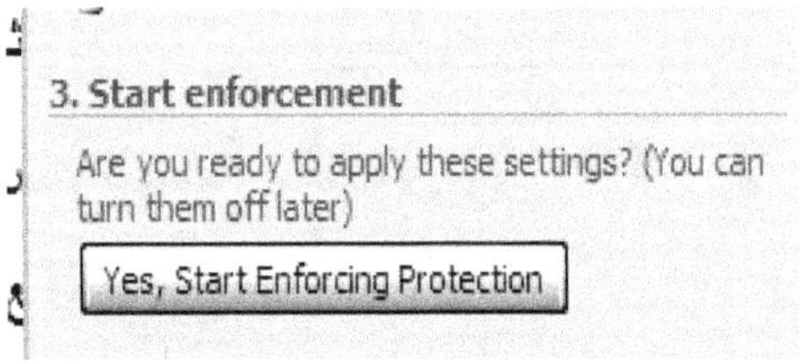

قائمة المراجع

1- Office 2007 Bible

2- Microsoft® Office Live For Dummies®

3- Wiley.Excel.2007.Power.Programming.with.VBA.Apr.2007

4- Wiley.Access.2007.VBA.Bible.May.2007

5- Microsoft® Office Access 2007 Forms, Reports, and Queries

6- OReilly.Access.Data.Analysis.Cookbook

ଔଔଔଔଔଔଔଔଔଔ

الفهرس

تعلم أوفيس ٢٠٠٧ الجزء الأول

Learn Microsoft Office Word
2007 in Arabic

تعلم وورد ٢٠٠٧ بالعربى
تأليف كلا من

Michael Nabil Akhnokh
& Nermin Fahim

مايكل نبيل أخنوخ
نرمين فهيم

٢٠١٣

RAMEGYPT@YAHOO.COM